Resgate da alma

Reencontre os pedaços da alma
que você perdeu

Tradução
Patrícia Fischer

Resgate
da
alma
Reencontre os pedaços da alma
que você perdeu

biografia

Sandra Ingerman é reconhecida mundialmente por trazer para a cultura moderna, métodos de cura da cultura antiga, adequados às necessidades de nossos tempos. Autora de diversas obras sobre jornada xamânica, cura e reversão da poluição ambiental, ela ministra *workshops* internacionais utilizando seus métodos espirituais. É a fundadora da Aliança Internacional para Professores e Xamãs de Remédios para a Terra. Sandra Ingerman é terapeuta familiar e de casais e conselheira profissional de saúde mental no Novo México, com certificação em estresse traumático e em gerenciamento de estresse traumático agudo.

Além do livro *Resgate da alma* – reencontre os pedaços da alma que você perdeu, Sandra Ingerman é autora das obras: *How to heal toxic thoughts*, *Shamanic journeying:* a beginner's guide, *Welcome home:* following your soul's journey home, *A fall to Grace*, *Medicine for the Earth*, muitas das quais a Editora Vida & Consciência terá o prazer de trazer para você em breve.

créditos
edição norte-americana

O método xamânico de cura que utiliza o resgate da alma apresentado neste livro, não deve ser considerado um método exclusivo para enfrentar problemas médicos e/ou psicológicos. Deve ser visto como auxiliar para tratamentos médicos ou psicológicos ortodoxos.

Título da edição original: Soul Retrieval – Mending the Fragmented Self

Projeto Gráfico: Daniel Pecly e Luiz A. Gasparetto
Assistentes de Designers: Priscila Noberto e Marcio Lipari
Revisão e Editoração Eletrônica: Fernanda Rizzo Sanchez

1ª edição – novembro 2008
5.000 exemplares

Dados Internacionais de Catalogação na Publicação (CIP)
(Câmara Brasileira do Livro, SP, Brasil)

Ingerman, Sandra
Resgate da alma: reencontre os pedaços da alma que você perdeu / Sandra Ingerman;
tradução: Patricia Fischer. -- São Paulo : Centro de Estudos Vida & Consciência Editora.
Título original: Soul retrieval : mending the fragmented self. Bibliografia.
ISBN 978-85-7722-029-8
1. Cura pela fé 2. Xamanismo - Miscelânea I. Título.

08-08845 CDD-615.852

Índices para catálogo sistemático:
1. Xamanismo : Cura pela fé 615.852

Publicação, distribuição, impressão e acabamento
Centro de Estudos Vida & Consciência Editora Ltda.
Rua Agostinho Gomes, 2312
Ipiranga – CEP 04206-001
São Paulo – SP – Brasil
Fone/Fax: (11) 2061-2739 / 2061-2670
E-mail: grafica@vidaeconsciencia.com.br
Site: www.vidaeconsciencia.com.br

Para meu irmão,
Joseph, e para meus pais,
Aaron e Lee.

Este livro é um presente
da lua para o sol.

sumário

nota do autor

Desde que escrevi *Resgate da alma,* em 1991, aprendi muito sobre a maneira de transportar um método de cura tão antigo para uma cultura moderna, psicologicamente sofisticada.

Se você estiver lendo este livro sem ter conhecimento prévio sobre o resgate da alma, talvez seja melhor lê-lo por inteiro, para depois retornar a estas páginas. Se você já conhece o processo de resgate da alma, leia agora.

Durante os dez primeiros anos em que fiz resgates de almas, descobri que quando fazia as jornadas em busca de meus clientes, eu recebia uma grande quantidade de detalhes a respeito da perda da alma que cada cliente havia sofrido. Eu via o que o cliente estava vestindo e os detalhes vívidos de cada cena. Então, eu comecei a perceber que minhas jornadas mudaram. Eu não via mais os detalhes da perda da alma. Os espíritos me davam mais informações sobre os dons, talentos e poderes que estavam sendo devolvidos ao cliente. Em outras palavras, os espíritos enfatizavam mais a cura que ocorria do que o trauma passado.

Eu comecei a escrever sobre isso aos alunos que treinei para fazer resgates de alma. Recebi uma enorme quantidade de cartas que mostravam que o trabalho de meus alunos havia mudado no mesmo sentido e ao mesmo tempo que o meu.

Eu acredito que a razão pela qual a prática do xamanismo ainda exista depois de quarenta mil anos, é a capacidade que os espíritos têm de mudarem o trabalho para se adequar à evolução da consciência das pessoas. Eu acredito que não apenas os praticantes, mas os próprios espíritos, perceberam que os clientes ficavam presos psicologicamente às histórias sobre sua perda da alma em vez de assimilar a cura que ocorreu. Se a história não está presente, não há em quê se prender. Eu ainda recebo informações sobre o trauma, mas não com tantos detalhes como antes.

Descobri também que todo o trabalho com a criança interior que fazemos nesta cultura, por vezes tem um impacto negativo sobre a realização de resgates de almas. Não é raro um cliente dizer "minha parte de sete anos de idade não quer ficar aqui" ou "minha porção adolescente é suicida". A essa altura eu pergunto "como a pura essência pode ser suicida?". Nós realmente nos prendemos em conceitos psicológicos. Eu descobri que, pelo bem de meus clientes, eu precisava mudar a intenção de minhas jornadas de resgate da alma. Agora eu repito para os espíritos que estou à procura das partes perdidas da alma de meu cliente que queiram voltar para ajudar o meu cliente naquele momento. Desta forma, eu consigo passar ao largo de algumas armadilhas nas quais o cliente pode cair.

Os xamãs sempre foram os responsáveis pela cura e os psicólogos de suas sociedades. Em todas as tradições xamânicas, o conceito de repetir palavras e histórias curativas aos clientes é uma constante. Na minha opinião, os xamãs contam aos clientes histórias curativas que estimulam sua imaginação e deflagram a cura.

Eu descobri que é crucial que se tenha cuidado com as palavras que os praticantes usam com seus clientes depois do resgate da alma. Antes de qualquer coisa, é preciso compreender que os espíritos em geral se comunicam por meio de metáforas; é raro eles se comunicarem de maneira literal. Isso também vale para as antigas tradições espirituais, e é muito importante que os clientes saibam disso. O impacto de ouvir algo metaforicamente é bem diferente do que ouvir no nível real. Por exemplo, saber que um dos seus pais esbofeteou-o é bem diferente do que você sentiu sendo esbofeteado. Tenho certeza de que você me entendeu.

Quando os praticantes relatam a um cliente a cena da perda da alma, o que está sendo descrito é a razão pela qual a alma partiu, não o que foi devolvido. Se a definição de alma é essência, quando perdemos a alma, o que perdemos é pura essência. Quando faço uma jornada em busca de um cliente e presencio a cena de um trauma, o que estou vendo é a razão pela qual a pura essência partiu. Eu não sopro o trauma de volta ao cliente. Como exemplo, digamos que eu vejo uma cena de uma criança sendo humilhada por um professor na escola, por estar sonhando acordada. O que eu sopro de volta no cliente é a pura essência que partiu quando foi humilhado. Eu não trago de volta uma criança humilhada.

Portanto, as palavras usadas para explicar o resgate da alma são determinantes para o efeito de cura. A metáfora que eu uso ao ensinar, é a de plantar sementes. O indivíduo sabe exatamente que tipo de planta vai nascer das palavras que foram semeadas. Quando eu descrevo uma jornada para o cliente, eu primeiro me pergunto: "estou plantando sementes de esperança com minhas palavras ou estou semeando medo?". Para que a cura ocorra, eu preciso plantar sementes de esperança.

No capítulo onze eu explico como trazer de volta uma alma que foi roubada. Ao longo desses anos eu descobri que é mais benéfico realizar um ritual que liberte as partes roubadas da alma e as entregue aos espíritos auxiliares do Universo, para que eles cuidem delas e as devolvam no momento correto, do que devolver as partes diretamente à pessoa.

Cada vez mais meu trabalho evoluiu no sentido de trazer a lembrança da alma – e eu escrevi sobre isso em meu livro *Welcome home* – juntamente com os resgates de almas. Relembrando da alma, eu sou levada de volta a um lugar anterior ao nascimento da pessoa e mostro a ela sua verdadeira essência – a beleza com a qual ela veio ao mundo... os dons, talentos e o poder que ela veio manifestar no mundo. Nossa verdadeira essência original é esquecida e substituída pelas projeções impostas a nós pela família, pelo grupo e por figuras de autoridade. Então eu ajudo as pessoas a lembrar quem realmente são, em lugar do que disseram que ela é.

É nosso direito manifestar totalmente nossas almas. A vida sem significado é o mesmo que desespero. É hora de todos nós recolhermos de volta nossos pedaços perdidos e lembrar por que nascemos neste mundo. Então, estaremos realmente curados e poderemos viver nossa vida em harmonia ajudando os demais a fazerem o mesmo.

Sandra Ingerman
Setembro de 1998

prefácio

Com o atual renascimento do xamanismo e da cura xamânica, estamos finalmente começando a reconhecer o valor espiritual e psicológico de tudo o que nossos ancestrais já sabiam. De fato, estamos aprendendo não apenas a respeitar este grande repositório de antigos conhecimentos humanos, mas também a compreender sua importância potencial para nosso bem-estar e nossa saúde.

Nós, do mundo "civilizado", temos a tendência de desprezar as estranhas crenças dos povos tribais, considerando-as superstições ou curiosidades pré-históricas sem relevância para nossa vida. Certamente a crença tribal generalizada na "perda da alma" como um importante componente das doenças, sempre esteve nesta categoria. Mesmo os antropólogos menos etnocêntricos têm dificuldade de considerar essa visão como algo mais do que uma antiga curiosidade cultural. Este livro de Sandra Ingerman contorna esses estereótipos sobre a perda da alma e mostra que os antigos métodos xamânicos de tratamento da alma têm uma aplicabilidade urgente nos traumas da vida contemporânea, incluindo as conseqüências de incesto e outras formas de abuso de crianças.

Este é um caso característico em que um sistema de crenças supostamente "supersticioso" e "primitivo" se mostra diretamente relevante para a vida moderna. Eu me recordo da excitação na voz de Sandra Ingerman quando ela me telefonou muitos anos atrás para contar sua descoberta de que o trabalho xamânico de resgate da alma surtia notáveis efeitos curativos em seus clientes que, quando crianças, haviam sofrido abuso sexual. Tal descoberta não surpreenderia xamãs tribais, evidentemente, que sempre usaram o resgate da alma como técnica de cura para todos os tipos de traumas, mesmo os mais sutis. Mas para Sandra Ingerman e para mim, era mais uma confirmação da grande importância de reviver e aplicar os comprovados métodos de cura dos xamãs a nossos atuais problemas de saúde. Ficou claro mais uma vez para nós, que os métodos xamânicos de cura funcionam nos níveis mais profundos que se possa imaginar, com um impacto tão importante que as diferenças culturais se tornam praticamente irrelevantes.

Nos onze anos que a conheço, Sandra Ingerman deixou de ser uma de minhas alunas de práticas xamânicas para se tornar uma xamã notável, uma prezada colega e uma querida amiga. Mais do que isso, ela é uma mestra inspiradora, o que pode ser atestado por seus muitos alunos. Você pode confiar no que ela escreve aqui, uma vez que ela demonstra os mais elevados padrões de ética e conhecimento prático do xamanismo contemporâneo e da cura xamânica. Se você sentir, como a maioria das pessoas, que perdeu partes de sua alma ao longo das provações e traumas da vida, atente cuidadosamente ao que ela diz. Se você desejar ir mais além, e tentar o método por si mesmo, eu recomendo enfaticamente que aprenda a técnica com ela. Não poderia recomendar melhor professor para ajudar alguém a aprender como voltar a se tornar espiritualmente completo.

Michael Harner
Norwalk, Connecticut
Dezembro de 1990

agradecimentos

edição norte-americana

Há muitas pessoas que eu desejo mencionar e a quem agradecer. Recebi inúmeras ligações e cartas de amigos, alunos e clientes, sempre querendo saber do andamento do livro, me estimulando com suas palavras de apoio, me lembrando constantemente da importância de compartilhar este trabalho com outros, e me agradecendo por trazer o resgate da alma até suas vidas. Suas palavras me deram coragem e energia para prosseguir – não há maneira adequada de expressar minha gratidão a eles.

Sou grata a Dot Duzek por me inspirar a escrever. Eu também desejo agradecer àqueles que me ajudaram no processo de edição. Mary Lois Sennewald trabalhou na fase inicial do livro. O contínuo trabalho de Craig Comstock como "resgatador de alma literária" me ajudando a encontrar a essência do livro e me ensinando a dar vida a meus textos. A ajuda de Craig também foi de inestimável valor para escrever a proposta do livro. A Cynthia Bechtel, que fez a edição depois que a proposta do livro estava pronta, e me mostrou que eu era uma escritora e não precisava de tanta ajuda como eu imaginava. Os elogios de Cynthia aos meus textos inspiraram minha criatividade – a ela minha mais profunda gratidão.

Cristina Crawford me apoiou de formas visíveis e invisíveis. Ela me ajudou a fazer uma jornada com o livro; ela era meu apoio constante, tanto para mim quanto para o livro, e generosamente me ajudou a pesquisar a literatura.

Jaye Oliver ilustrou o livro, ajudando a dar forma visual a alguns territórios da realidade incomum.

Agradeço a Polly Rose por seu auxílio com a digitação do manuscrito e pela paciência com todos os meus prazos.

A agente Katinka Matson, a editora Barbara Moulton e a assistente editorial Barbara Archer da Harper San Francisco me apresentaram ao mundo editorial de maneira muito tranqüila, amistosa e agradável. Barbara Moulton me fez sentir bem-vinda na Harper.

E por fim, a todas as pessoas próximas que me dedicaram seu carinho: meus pais, Aaron e Lee Ingerman; Marla, Robert, Johanna e Alex Becker Black, a família com a qual eu morei e que cuidou de mim durante os dois anos que eu levei para escrever este livro; e Easy Hill, meu parceiro, por sua tranqüila presença e incondicional amor e compreensão.

Alguns daqueles que me ajudaram com o efetivo trabalho de resgate da alma são: Michael Harner, maravilhoso professor e amigo nos últimos onze anos; Sharon Bergeron, MFCC, que me deu consultoria sobre os efeitos psicológicos do incesto, me preparando para trabalhar com sobreviventes de incesto; e todos os meus alunos, que contribuíram para reabrir os caminhos com este maravilhoso trabalho.

Eu também gostaria de agradecer às pessoas que aceitaram tão generosamente compartilhar suas cartas pessoais usadas neste livro, além daquelas que escreveram e nos enviaram suas poesias. Os poetas são Ellen Jaffe Bitz, Ailo Gaup, Diana Rowan e Stephen Van Buren.

Meu agradecimento muito especial aos meus animais de poder e mestres na realidade incomum que me ensinaram, apoiaram-me, e trabalharam comigo para que eu pudesse apresentar o *Resgate da alma* a vocês.

introdução

A perda da alma é uma enfermidade espiritual que acarreta doenças emocionais e físicas. Quem cuida de nosso espírito quando ele fica doente? Existem médicos para o corpo, para a mente e para o coração, mas o que fazemos quando nosso espírito adoece? Este livro fala sobre a questão do espírito e da cura de problemas espirituais. Em todo o mundo e em diversas culturas, a pessoa que lida com o aspecto espiritual das doenças é o xamã, que diagnostica e trata das enfermidades, localiza informações, comunica-se e interage com o mundo espiritual, e eventualmente atua como psicopompo, ou seja, uma pessoa que ajuda as almas a atravessarem para o outro mundo.

Mircea Eliade, autor de *Shamanism:* archaic techniques of ecstasy, descreve o xamã como uma pessoa que faz uma jornada em um estado alterado de consciência, além do tempo e do espaço[1]. A palavra xamã, que tem origem no povo Tungus da Sibéria, aplica-se tanto a mulheres quanto a homens. Por meio das jornadas, o xamã obtém auxílio e informações para ajudar um paciente, a família, amigos ou a comunidade.

Em geral, um xamã usa instrumentos de percussão ou, com menor freqüência, drogas psicoativas, como meio de alcançar um estado alterado de consciência. Os antropólogos encontraram esta prática dezenas de milhares de anos atrás. Michael Harner, antropólogo, autor de *The way of the shaman*, pesquisou o xamanismo em culturas do mundo inteiro. Como Eliade, ele descobriu que o xamã é especialmente diferente de outros curandeiros devido ao uso da jornada[2]. Foram encontradas evidências de jornadas xamânicas na Sibéria, Lapônia, algumas regiões da Ásia, África, Austrália e entre nativos das Américas do Norte e do Sul.

Este livro vai discutir uma causa comum de enfermidades: a perda da alma. A ênfase será no uso desse antigo sistema de diagnóstico para tratar problemas dos tempos atuais, que têm origem nos diversos traumas que todos nós carregamos pela vida.

Nos próximos capítulos explicarei o xamanismo e a perda da alma, recorrendo a fontes clássicas, minhas próprias aulas e prática, e estudos de casos sobre os efeitos deste trabalho. (As pessoas que aparecem nos estudos de casos são misturas criadas a partir de situações reais e não representam indivíduos específicos.)

Os conceitos que vou descrever podem ser bastante difíceis de compreender de um ponto de vista racional e lógico. Em nossa sociedade e nossa cultura, temos a tendência de reforçar as funções do lado esquerdo do cérebro. O lado esquerdo é a porção lógica e racional de nós mesmos, e é maravilhoso (por exemplo, ele possibilita que você saia e compre este livro). Mas, à medida que aprendemos cada vez mais sobre a evolução de nossa consciência, descobrimos que a realidade não é tão lógica quanto acreditávamos. Existem mais coisas para serem "vistas" do que pode ser literalmente visto pelo olho humano.

Muitos de nós abraçamos um caminho espiritual para expandir nossa consciência e despertar capacidades que estavam adormecidas, para experimentar e perceber mais a vida, do que podemos conseguir apenas com a lógica. Para fazer isso, usamos as funções do lado direito de nosso cérebro. Precisamos nos abrir às nossas intuições. Precisamos usar nossos sentidos para perceber a realidade de forma diferente. Precisamos ver, ouvir, sentir e cheirar de um ponto de vista diferente, dentro de nós mesmos. E quando aprendemos a expandir nossos sentidos, podemos penetrar no mundo do xamã.

Mas às vezes é difícil lidar com novos sistemas de crenças. O uso de nossa própria porção intuitiva não é aceito em nossa sociedade. Desenvolvemos um sistema estruturado de tal maneira que abandoná-lo é considerado perigoso. Nós perdemos nossa imaginação. Como podemos imaginar um planeta saudável, ou um corpo saudável, ou sucesso, se não conseguimos imaginar ou visualizar o que desejamos?

As crianças têm uma consciência constante de outras realidades. Mas um sistema diferente de crenças é colocado a força em todos nós, desde tenra idade. Você se lembra quando era criança, como diziam para você parar de conversar com seus amigos imaginários? Ou parar de sonhar acordado? Ao nascer, somos capazes de compreender realidades ocultas. Conhecemos naturalmente o caminho do xamã, mas precisamos desaprender à medida que nos socializamos. Muitos de nós estamos voltando a este caminho.

Quando as pessoas começam a viajar para realidades incomuns, muitas vezes se perguntam: "Eu estou imaginando isso?". A sociedade, na forma atual, responderia "sim". Um xamã diria: "Você viu, ouviu, sentiu ou cheirou?". Se alguém disser que sim, a resposta do xamã seria: "E o que há de errado com você, para achar que está imaginando?".

São duas respostas contrárias à pergunta sobre se a realidade incomum é "real". Essa pergunta não apenas encontra a resistência de nosso ego, como também vai contra o que ouvimos de nossos pais, professores, governos e, muitas vezes, líderes religiosos, além de nossos cientistas. Quando todas essas figuras de autoridade nos dizem qual é a natureza das coisas, elas definem um poderoso sistema de crenças que eu não tenho a intenção de combater.

Quando você estiver lendo este livro e se perguntar se o que eu estou falando é "real", eu peço que você não coloque o lado direito do cérebro em conflito com o esquerdo. Apenas leia o material e vivencie-o. Depois de onze anos de trabalho com a jornada xamânica eu sei que a realidade incomum é real. Mas não tenho intenção de convencê-lo disso. Para mim as verdadeiras questões são: "As informações originadas em uma jornada xamânica funcionam? Elas provocam mudanças positivas na vida de uma pessoa? Se for assim, qual o problema de ser fruto da imaginação?".

Considerem minhas jornadas da maneira como for necessário para você. Quando eu conto minhas experiências aos meus clientes eu sempre digo: "Eu vou dizer o que eu vi". A pessoa deve decidir se as informações são metafóricas ou literais. Cada pessoa pode encarar a jornada como um sonho acordado ou como informações vindas do inconsciente na forma de representações simbólicas. Ou pode considerar a realidade incomum como um mundo paralelo ao nosso.

Este livro foi escrito para todas as crianças do mundo, o que significa toda e qualquer pessoa que o ler. Neste momento, enfrentamos uma batalha crucial neste planeta. Como podemos crescer e usar nossa capacidade de julgamento e intuição para sermos responsáveis por todas as formas de vida? Como podemos entrar em contato e nos integrar à criança interior que vive em cada um de nós – aquela criança que tem o poder da imaginação criativa para visualizar o que podemos criar?

A base para este livro é o conceito de perda da alma – a perda de partes essenciais de nós mesmos que nos proporcionam existência e vitalidade. Essas partes se perdem devido a traumas; e quem sofre mais com os traumas do que a criança que existe dentro de nós? Ofereço aqui uma noção do resgate da alma, uma antiga técnica xamânica que pode ajudar a trazer a criança de volta "para casa". Isso é apenas o começo de nosso trabalho, pois trazer a criança de volta para casa, afinal, não é tão difícil. A parte difícil e estimulante do trabalho é a parceria que precisa haver entre a criança e o adulto. Nesse processo, pegamos a vida e a luz da criança, com sua curiosidade e imaginação, e permitimos que ela veja por nós, adultos, e nos diga o que é verdadeiro. Então, o adulto pode agir de acordo com as visões da criança para desfrutar do mundo e usar o discernimento adulto para saber o momento correto – a união de modos de existência opostos, mas complementares.

Quando fiz minha primeira jornada xamânica para falar com minha mestra na realidade incomum a respeito deste livro, a única coisa que ela me disse foi “Escreva, e escreva com seu coração”. Todas as manhãs, antes de começar a escrever, eu refazia a jornada, esperando encontrar um mínimo que fosse de informação. Eu ia do meu animal de poder à minha mestra, e eles se mantinham firmes em sua mensagem.

Então eu escrevi três capítulos, e decidi fazer nova jornada e ver se minha mestra ou meu animal de poder iriam comentar sobre o trabalho que eu havia feito. Minha mestra estava esperando por mim quando eu cheguei à sua moradia no Mundo Superior, e disse que eu me encaminhava na direção errada. Disse que da forma como eu havia iniciado, o livro iria assustar as pessoas; elas iriam achar que se não resgatassem suas almas nunca seriam felizes. E que o livro deveria ser uma cura para todas as pessoas que o lessem, quer decidissem fazer o resgate da alma ou não.

Para tornar a leitura do livro mais vivencial, quase todos os capítulos terão um ou mais exercícios com o objetivo de trazer você para mais perto do mundo dos espíritos de forma delicada e segura. Se alguma das informações ou histórias aqui incluídas evocarem uma parte de sua própria criança interior que está amedrontada, triste ou irritada, passe para o exercício do capítulo 11 que vai ajudá-lo a lidar com estes sentimentos.

Meu objetivo ao escrever *Resgate da alma* é oferecer uma nova maneira de pensar sobre a causa das enfermidades que foi utilizada durante milhares de anos, mas não é reconhecida pelas escolas tradicionais de cura física ou psicológica. Eu ofereço também alguns instrumentos para aqueles que desejarem entrar em harmonia com o Universo e prosseguir na jornada de sua própria alma.

1ª parte

a alma e a perda da alma

capítulo 1

a perda da alma

*Pois de que vale ao homem ganhar o mundo inteiro
e perder a sua alma?*
Marcos 8:36

Para aproveitar ao máximo este livro, acho importante que você vá para um lugar bem no fundo de você mesmo, um lugar onde você possa diferenciar a verdade essencial do "ruído mental". Para tanto, eu gostaria que você experimentasse um exercício simples que eu utilizei durante anos para ajudar meus clientes a perceber a diferença entre a intuição e a interferência mental[1].

> *Comece sentando-se confortavelmente em uma cadeira. Feche os olhos, respire profundamente quatro vezes e tente relaxar o máximo possível. Agora, pense em algo de que você goste, algo muito simples, como uma cor, uma flor, uma comida. Diga a si mesmo "eu adoro...". Repita. Experimente em seu corpo a sensação de dizer uma verdade a você mesmo. Levante-se e faça alguma coisa por alguns minutos. Se estiver em casa, faça alguma tarefa pela casa. Se estiver fora, caminhe por alguns minutos. Então, volte a sentar-se e feche os olhos.*

Respire profundamente mais quatro vezes. Diga uma mentira a você mesmo. Diga para si mesmo "eu odeio..." (a mesma coisa que você disse que adorava). Repita a frase "eu odeio..." e tente perceber a reação de seu corpo quando ouve uma mentira.

Quando ouço uma mentira, uma bandeira vermelha se ergue em meu plexo solar. Quando estou ouvindo alguém ou lendo, eu sei se estou ouvindo uma verdade essencial se prestar atenção na bandeira vermelha. Se estou tentando tomar uma decisão e minha mente não pára de interferir em meu processo com seu ruído, eu digo a mim mesma o que estou disposta a fazer e presto atenção na bandeira vermelha. Se ela não aparecer, eu vou em frente, mesmo que minha mente esperneie e grite o tempo todo.

Outras pessoas relatam que, neste exercício, a verdade causa uma sensação de calor que invade o corpo, ou sensações de arrepio ou formigamento por todo o corpo; pode advir uma paz difusa, ou um bem-estar no coração. Com uma mentira, ocorre um aperto no peito ou no plexo solar, ou pode vir à mente uma cor em particular, ou pode haver uma sensação de desconforto no corpo.

Neste livro eu falarei a um lugar bem profundo de você. Estimularei sua essência a despertar e ganhar vida. Nem sempre a mente consciente pode compreender o que eu tenho a dizer. E algumas vezes eu poderei até tentar passar ao largo de sua mente para que seu conhecimento interior possa participar de seu processo de cura.

No decorrer da leitura, observe os sinais cinestésicos ou as sensações corporais que vão indicar o caminho para seus sentidos mais profundos, para dizer sim e seguir adiante. Quer você faça ou não um resgate da alma, este livro vai oferecer uma cura. Ele ensinará a você como perdemos nossa vitalidade e essência, como permanecemos fragmentados, e como podemos tomar a decisão consciente de nos encaminhar para uma vida mais gratificante.

Todos nós gastamos uma enorme quantidade de energia psíquica procurando partes perdidas de nosso ser. Fazemos isso inconscientemente, e o fazemos de diferentes maneiras – gerando sonhos e devaneios, experimentando diversos caminhos espirituais, criando relacionamentos que refletem para nós as partes perdidas.

Muitos de nós não nos sentimos completos, como se não estivéssemos totalmente aqui. Poucos de nós vivemos tão plenamente quanto possível. Quando tomamos consciência disso, desejamos recuperar a intensidade e a proximidade da vida que um dia desfrutamos, ou da qual conservamos uma imagem. Desejamos voltar para casa mais completos, para nós mesmos e para as pessoas que amamos.

Existe uma técnica de cura que lida com essa dificuldade humana comum, mas essa técnica foi quase totalmente esquecida na sociedade moderna. Por dezenas de milhares de anos uma prática chamada xamanismo possibilitou a cura de pessoas de diversas culturas em todo o mundo. De acordo com o ponto de vista xamânico, uma das principais causas das doenças é a perda da alma.

A palavra *alma* assume diversos significados. Aqui ela é utilizada simplesmente para significar nossa essência vital, ou como diz o *Dicionário Oxford de Inglês* (segunda edição), "o princípio da vida, em geral considerada como uma entidade diferente do corpo; as partes espirituais em contraste com o puramente físico". De acordo com esta autoridade, nosso idioma também considera a alma como sede de emoções, sensações e sentimentos.

Tendo em mente essa imagem da alma, podemos

perguntar o que provoca a perda dessa essência vital. Em tempos antigos, uma perda desse tipo era atribuída a uma alma que fugia assustada, perdia-se ou era roubada. Atualmente, é mais comum considerarmos a perda da alma como resultado de um trauma, como incesto, abuso, perda de um ente querido, cirurgias, acidentes, enfermidades, aborto espontâneo ou provocado, estresse de combate ou vícios.

A premissa básica é que ao sofrermos um trauma, uma parte de nossa essência vital separa-se de nós para sobreviver à experiência, evitando o impacto total da dor. O que é traumático varia conforme o indivíduo. A perda da alma pode ser causada por qualquer evento que o indivíduo considere traumático, mesmo que outro indivíduo não o considere como tal.

Nos dias atuais, a psicologia fornece nosso modelo primário para abordar a dolorosa sensação de incompletude e dissociação que muitos de nós experimentamos. Podemos passar muitos anos em terapia ou em grupos de auto-ajuda tentando descobrir traumas para nos tornarmos inteiros. Eu tenho mestrado em aconselhamento psicológico e empreguei muitos de seus métodos, mas a experiência me mostrou que a psicoterapia funciona apenas nas partes de nós que estão "presentes".

Se uma parte de nossa essência vital se afastou, como podemos trazê-la de volta? Em busca de uma resposta, voltei-me ao antigo caminho espiritual do xamanismo. Nele eu encontrei poderosas técnicas para trazer de volta partes da energia vital que de outra forma permaneceriam fora de alcance durante anos.

Em *Resgate da alma*, exploraremos a crença xamânica de que parte de nossa energia vital essencial pode se destacar e se perder em uma "realidade incomum". Viajaremos com o xamã, quando ele ou ela, em um estado alterado de consciência, penetra na realidade incomum em busca de almas perdidas.

EXEMPLOS DE PERDA DA ALMA

Embora o termo *perda da alma* possa ser estranho para você, existem exemplos bem conhecidos com outros nomes. Uma esposa amada, filho ou amigo morre, e o sobrevivente também "morre" por um tempo. Sentimos como se a luz se apagasse em nossa vida, como se nos tornássemos sonâmbulos. Ou acabamos de fazer uma grande cirurgia e sentimos como se não tivéssemos retornado completamente da anestesia. Um cliente que se envolveu em um sério acidente automobilístico relatou a sensação de estar "fora do ar".

Um indivíduo envolvido em uma relação íntima abusiva pode estar consciente de estar preso em um círculo destrutivo, mas sente-se demasiado fraco e impotente para se afastar. Ou ao terminar um relacionamento, ele ou ela pode se sentir como se algo houvesse sido deixado para trás com o parceiro. Depois de um *workshop*, uma aluna disse que desde que rompera com o namorado sentia como se "uma parte dela ainda estivesse com ele".

A alma pode abandonar uma criança que não se sente amada, ou se sente desprezada por seus pais. Para um de meus clientes, a perda da alma foi provocada pelos gritos constantes de um dos pais, em outro pela dor física de uma queda de bicicleta. A alma precisa deixar o corpo para sobreviver ao abuso físico ou sexual. Em cada um desses casos, o indivíduo traumatizado literalmente foge para sobreviver ao sofrimento. Uma criança constantemente doente, ou com uma enfermidade grave ou crônica pode ser sinal de perda da alma.

A literatura está repleta de experiências fora do corpo em casos de doenças ou acidentes. Com menor gravidade, muitos de nós tivemos a experiência de sofrer algum choque, em função do qual uma parte de nós parece ter escapado da realidade consciente por um momento. *Choque* é a palavra usada geralmente para descrever essa condição. A reação é normal, e por si só não é razão para alarme. Mas muitas vezes, por razões que não compreendemos totalmente, a parte do ser que se afastou não consegue retornar.

Quais são os resultados? "Eu não estou inteiramente aqui", disse um de meus clientes. "Uma parte de mim observa com a minha mente, mas não se liga às sensações emocionais". Os indivíduos que experimentam a perda da alma muitas vezes dizem que se sentem despedaçados de alguma maneira, ou que falta uma parte essencial deles mesmos. Isso descreve uma pessoa que está dissociada. (Em termos clínicos, dissociação é a separação de partes inteiras da personalidade, do fluxo de consciência, e pode acarretar sensações de estranhamento e despersonalização.)

Outro sinal de perda da alma é uma lacuna na memória. Muitas vezes eu trabalho com homens e mulheres que não têm lembranças de sua vida entre os sete e os nove, ou dos doze aos catorze anos. Ou um indivíduo pode lembrar que sofreu um trauma, mas não consegue lembrar dos detalhes circunstantes. Uma vez trabalhei com um homem que quebrou o braço e não tinha lembrança de ter sentido nenhuma dor no momento do ocorrido. Quebrar o braço dói. Dói muito! Do ponto de vista xamânico, a parte do meu cliente que não podia suportar a dor simplesmente se afastou. Eu trabalhei com uma mulher que sabia que era sobrevivente de incesto, mas não tinha clara a experiência e não conseguia lembrar de nenhum detalhe nem do ato em si. Ela gastou anos de psicoterapia tentando recuperar as lembranças, mas a parte dela que conservava essas lembranças tinha ido embora, então a informação não estava mais ao seu alcance.

A depressão crônica é outro sintoma de perda da alma. Freqüentemente a fragmentação do ser essencial de um indivíduo o impede de criar uma trajetória de alegria. Gasta sua vida procurando maneiras, muitas vezes abusivas, de atingir sensações e experiências que dêem uma impressão de propósito, mesmo que falsa. Em vez de ser capaz de seguir a jornada da alma, esse indivíduo, muitas vezes, sente-se deprimido e incompleto.

Quando ocorre um divórcio ou uma morte, normalmente advém um período de pesar. Depois de algum tempo, a vida reassume alguma aparência de normalidade. Como o Universo tem horror ao vácuo, se faltarem pedaços de nós mesmos, uma doença pode ocupar esse espaço. O coma é um exemplo extremo de perda da alma.

De alguma maneira, a maioria de nós experimenta a perda da alma em algum nível. Algumas pessoas foram mais profundamente traumatizadas pela vida; elas podem parecer bastante "desanimadas". Com outras, a vida é mais leve; elas não tiveram de se proteger tanto. Independentemente da quantidade de traumas, a maioria das pessoas que eu conheço anseiam por um sentido mais pleno de vitalidade e ligação com a vida. O resgate da alma é para todos os que desejam aprofundar sua ligação com o ser, com as pessoas amadas, com a Terra.

MINHA PERDA DA ALMA

Muito antes de ser treinada nas técnicas xamânicas ou trabalhar com centenas de clientes, eu precisava lidar com minha própria experiência de perda da alma. Na tradição xamânica do "curandeiro ferido", eu não comecei aprendendo a teoria ou observando os outros, mas entrando em acordo com meu próprio desconforto pessoal. Para que você tenha uma visão mais profunda do que se sente com a perda da alma, eu vou descrever minha própria experiência.

Passei minha infância bastante contente. Eu nem sabia que era possível sentir-se diferente. Até onde eu consigo me lembrar, eu tinha um profundo amor pela natureza. Eu adorava cantar e assobiar para os pássaros e para as nuvens. Todos os dias, ao voltar da escola, eu parava diante de um grande carvalho que havia em frente à nossa casa e cantava para ele. Eu passava horas no meu quarto, feliz da vida escrevendo histórias e desenhando. Estava totalmente imersa na rotina de ir para a escola e brincar na rua com meus amigos. Eu adorava meus pais.

Na adolescência, algo mudou. Sufocada pelo redemoinho físico e emocional da puberdade, perdi a coordenação física de que desfrutava quando criança. Confusa sobre quem eu era, e qual o meu lugar no mundo, saí do estado de graça em que vivi durante os anos anteriores.

Esse tipo de estresse é bastante comum na adolescência, mas parece que minha sensação de perda foi mais intensa do que a habitual, e à medida que crescia, a vida ficava cada vez mais difícil. Lutando com uma depressão emocional crônica e uma sensação de desânimo físico, eu nunca tinha energia para nada. Não sabia mais qual a sensação de estar "no corpo", de uma maneira saudável e vigorosa.

Eu costumava olhar as pessoas e me perguntar se elas se sentiam tão mal como eu. Será que todo mundo se sentia assim, desajeitadamente desconectado do corpo? Será que todo mundo se sentia distante do fluxo da vida? Pela minha infância, eu sabia que havia outra maneira de se situar no mundo, mas não fazia idéia de como fazer para voltar àquele estado. Muitas vezes achava que a vida não valia a pena.

TENTATIVA DE ME RECONECTAR

Sendo como eu era, uma pessoa que precisa fazer tudo por si mesma, eu nunca busquei ajuda psicoterapêutica. Talvez em algum nível inconsciente, eu soubesse que minha crise era basicamente espiritual. Eu estava à procura de vivenciar a sagrada ligação com a vida que eu havia perdido.

Com essa ligação rompida, as pessoas muitas vezes recorrem ao álcool ou a outras drogas que alteram a mente. Como jovem dos anos 60, eu achei que as drogas poderiam ajudar a preencher o vazio. Sob influência de psicodélicos, mais uma vez eu tive um vislumbre da sacralidade da vida e senti reavivar profundamente meu amor por Deus.

O problema com as drogas era que eu viajava tão fora do tempo e do espaço que não conseguia traduzir minha experiência ao voltar para a vida real. As experiências com drogas estavam muito distantes dos prazeres simples de cantar para uma árvore ao voltar da escola ou de me sentir totalmente viva e ligada ao meu corpo. Outro problema incontornável com as drogas era a dificuldade para me reorientar ao voltar para o dia-a-dia. À medida que a euforia desaparecia, eu desabava na escuridão. Repetidamente minha tentativa de fugir da depressão me levava a reviver a perda do estado de graça.

A partir de minhas experiências posteriores como conselheira e líder de *workshops*, eu sabia que minhas experiências não eram incomuns. A história de Adão e Eva expulsos do Éden assombra a arte e a literatura da cultura ocidental; ela nos toca profundamente porque relembra a perda arquetípica do estado de graça que todos nós já experimentamos. Cada um de nós, de sua própria maneira particular, é expulso do paraíso. Na linguagem dos xamãs, perdemos nossa alma.

Cada um de nós tem sua maneira de experimentar a perda da alma. Algumas perdas do estado de graça são menos dramáticas do que a minha. Eu tive a sorte de ter uma longa experiência infantil de como a vida pode ser gratificante. Algumas pessoas sofrem menos do que eu com o contraste entre o *possível* e o que *é*. Outras, ao tomarem consciência de seu isolamento espiritual, padecem do que os místicos cristãos chamam de "a noite escura da alma".

Minha própria jornada para recuperar minha alma me levou a diversos desafios espirituais. A resposta que buscava, eu encontrei na antiga tradição do xamanismo e, especialmente, numa revivência contemporânea das técnicas xamânicas realizada pelo antropólogo Michael Harner, que foi meu mestre e mentor. Essas técnicas coexistem com diversas crenças religiosas. A recuperação de partes perdidas de minha alma, devolveu-me um lugar no todo. Eu experimentei a completude da vida e uma alegria que achava que não conseguiria voltar a sentir.

O CAMINHO DO XAMÃ

Analisando alguns artefatos, os cientistas concluíram que as culturas xamânicas tiveram origem há dezenas de milhares de anos, muito antes de as pessoas começarem a registrar sua história. Embora essas culturas se diferenciassem na arte, na mitologia, nas leis, na economia e nas normas sociais, elas apresentavam algumas características universais. Nas culturas xamânicas, acreditava-se que todas as coisas eram permeadas pelo espírito. Que todas as formas de vida terrestres eram animadas com sua própria alma ou força vital. O bem-estar de qualquer forma de vida em particular depende de sua harmonia espiritual com outras formas de vida. O desequilíbrio ou o deslocamento da essência espiritual de um ser vivo pode provocar o enfraquecimento e levar a doenças.

Para xamãs de todo o mundo, as enfermidades sempre foram consideradas uma manifestação espiritual: a perda da alma ou a diminuição da energia espiritual essencial. Se a alma abandonar totalmente o paciente, ele morrerá. Da mesma forma, se o xamã conseguir resgatar as partes perdidas da alma, o paciente recuperará a harmonia e o bem-estar. Esse resgate é feito pelo xamã em um estado alterado de consciência. De acordo com Mircea Eliade, historiador de religião:

> *A principal função do xamã na Ásia Central e do Norte é a cura mágica. Nessas regiões pode-se encontrar diversas concepções da causa da doença, mas aquela da "violação da alma" é de longe a mais comum. A doença é atribuída ao afastamento ou ao roubo da alma, e o tratamento em princípio resume-se a encontrá-la, capturá-la e obrigá-la a retomar seu lugar no corpo do paciente. Apenas o xamã... vê os espíritos e sabe como exorcizá-los; apenas ele reconhece que a alma se afastou e é capaz de alcançá-la em êxtase e trazê-la de volta ao corpo*[2].

A palavra xamã, originária do povo *tungus* da Sibéria significa "aquele que vê no escuro". O xamã usa a capacidade de "ver com o olho que vê" ou "com o coração" para viajar até mundos espirituais ocultos, obter informações e realizar as tarefas que vão curar um indivíduo (ou uma comunidade) doente.

Além do roubo ou da violação da alma, algumas culturas xamânicas relacionam a perda da alma com a interferência de fantasmas, além de outros seres humanos. Na América do Sul, de acordo com Eliade, os xamãs dos Andes e do Amazonas acreditam que a alma pode se afastar se ficar assustada ou pode ser raptada por um espírito ou um fantasma[3].

CAUSAS MODERNAS DA PERDA DA ALMA

Como praticante moderna do xamanismo, eu compartilho muitas das crenças e percepções do caminho tradicional. Para mim, como para os antigos, toda a criação é permeada pelo espírito. Os seres humanos, os animais, as plantas e os minerais, todos eles têm sua própria essência espiritual, com a qual podemos nos comunicar e interagir. Quando qualquer criatura viva está totalmente integrada à sua força espiritual ou alma, ela irradiará energia e vitalidade. Qualquer criatura cujo espírito está totalmente presente em seu corpo sentirá uma profunda ressonância com o mesmo espírito nas outras coisas vivas. Por outro lado, quando uma criatura perde uma parte de sua essência espiritual, ocorre um profundo enfraquecimento e a alienação do resto da criação.

Eu conheci diversas pessoas que pareciam sofrer da perda de sua essência espiritual ou alma: na verdade, quase todas as pessoas que eu já conheci sofriam de algum grau de incompletude e vazio. Elas sentiam que faltava partes delas mesmas e que perderam uma profunda conexão com a vida. Para algumas pessoas, essa sensação de incompletude e alienação provoca um grande sofrimento. Para a maioria, a sensação de não estar totalmente viva é uma dor contínua de baixa intensidade, freqüentemente mascarada com drogas, diversão, sexo compulsivo e vícios de diversos outros tipos.

Embora eu concorde com a visão xamânica tradicional da perda da alma, em geral não a considero resultado de roubo perpetrado por um mágico ou por um espírito errante. Entretanto, como mulher atual, não preciso ir tão longe para encontrar os equivalentes modernos desses conceitos clássicos. Atualmente, a perda da alma decorre dos traumas da vida moderna. Incesto, abusos físicos, estupro, perda de um ente querido, acidentes, experiências de guerra, doenças graves e cirurgias são violências que podem expelir a alma para fora do corpo. Ao sofrer este tipo de agressão, a sensível alma humana pode se afastar do corpo e nunca mais voltar. Dizemos brincando para algumas pessoas: "Não tem ninguém em casa". Não é uma brincadeira. Poucos de nós estão totalmente em casa, e alguns de nós fomos traumatizados de tal forma que, na verdade, quase ninguém está em casa.

DA DISSOCIAÇÃO À PERDA DA ALMA

A psicologia contemporânea, como o xamanismo, reconhece que partes do *self* podem se separar, deixando o indivíduo distanciado do seu ser essencial. Muitas terapias atuais compreendem que se o trauma for muito violento, partes do ser vital sensível vão se destacar para minimizar o impacto do trauma. Em *Healing the shame that binds you*, John Bradshaw explica que a vítima de incesto "deixa o corpo, porque a dor e a humilhação são insuportáveis". Para Bradshaw, como para outros profissionais da psicologia, os indivíduos se dissociam como um mecanismo de defesa quando "o trauma é tão grande e o medo tão aterrorizante que é necessário um alívio imediato"[4]. A literatura psicológica moderna está repleta de relatos desse destacamento do corpo em momentos de estresse. Mulheres violentadas relataram sua experiência de assistir a cena como se estivessem observando do alto. Durante meses ou anos após o estupro, elas descrevem a sensação de "não estar no corpo".

Anos depois de voltar do Vietnam, muitos veteranos começaram a reviver os dolorosos acontecimentos da guerra, que eles já haviam "esquecido". Deflagradas por sons, odores ou visões na vida atual, essas lembranças eram assustadoramente vívidas, às vezes mais vívidas do que a realidade presente do indivíduo. Pesar e fúria, que se destacaram durante o trauma original, muitas vezes acompanhavam esses momentos invasivos.

Até aqui, a psicologia e a minha abordagem do resgate da alma parecem andar lado a lado. Em que ponto elas se afastam?

Para o psicólogo, as partes destacadas se perdem em uma região enorme e difusa chamada inconsciente. Essa região pode estar repleta de memórias dissociadas, impulsos primais proibidos ou imagens religiosas arquetípicas, conforme a escola do psicólogo. No caso da dissociação, o trabalho do psicólogo é ajudar o paciente a recuperar a experiência perdida. O trabalho com sonhos, fantasias, livre associação ou hipnose podem ser usados para ajudar o paciente a acessar essas partes perdidas do *self*.

Para o psicólogo, a natureza e a topografia do lugar para onde vão as partes destacadas do *self*, são relativamente sem importância. Conceitualizado como um local além da luz da consciência racional, o inconsciente é considerado uma região indiferenciada de onde o cliente, com a ajuda do terapeuta, precisa recuperar as partes dissociadas.

Para o xamã, a questão das partes destacadas é essencial para a cura. Na visão xamânica de mundo, as partes vitais do *self*, ao abandonar o indivíduo, não vão para uma indefinida terra de ninguém. Em vez disso, elas vivem uma vida paralela em mundos incomuns. As partes da alma podem estar presas em lugares assustadores da realidade incomum ou podem ter encontrado mundos mais agradáveis onde elas desejam ficar. De qualquer maneira, uma parte importante da cura é resgatar as partes da alma desses mundos incomuns e trazê-las de volta ao corpo do paciente. Para o xamã, o conhecimento da topografia da realidade incomum é crucial para a cura. Como exploradores que se aventuram em difíceis terrenos reais, os xamãs precisam saber como agir em mundos incomuns, se quiserem que seu trabalho seja bem-sucedido. Quanto mais completo for o mapa que se tem dos territórios da realidade incomum, maior o sucesso como xamã.

Pode ser útil fazer uma comparação do trabalho do psicólogo com aquele do xamã. Imagine que ambos trabalhem com uma mulher que sofre de um problema de personalidades múltiplas, uma condição psicológica na qual diversas personalidades independentes coexistem em um indivíduo.

O psicólogo pode dizer que essa pessoa sofreu um trauma violento que a obrigou a destacar ou dissociar algumas partes de si mesma. Ele pode sugerir que essas partes destacadas carregam lembranças ou aspectos da personalidade que a paciente não pode vivenciar ou expressar em segurança.

Entretanto, o psicólogo pode considerar que seu trabalho é ajudar a paciente a resgatar as partes perdidas de seu próprio inconsciente por meio de um lento processo de descoberta e integração. O psicólogo provavelmente terá pouco interesse em saber se as partes destacadas estão vivendo em uma realidade paralela e, se tiver, a natureza dessa realidade.

Embora eu acredite que esse tipo de trabalho de recuperação seja extremamente importante, meu principal interesse como praticante do xamanismo é diferente. Onde estão essas partes agora? Como podemos resgatá-las? É com essas questões que eu mais me preocupo. Meu conhecimento da realidade incomum, cuidadosamente registrado em jornadas anteriores, me ajuda a fazer a jornada necessária da forma mais rápida e eficaz.

AUXÍLIO PARA O CONCEITO DE PERDA DA ALMA

A relevância da perda da alma para nossa condição moderna não escapou da percepção de alguns psicólogos inovadores. Em seu artigo "The Wounded Healer", por exemplo, Jeanne Achterberg escreveu:

> *A perda da alma é considerada o mais grave diagnóstico da nomenclatura xamânica, sendo a causa das enfermidades e da morte. Mas nunca é mencionada nos modernos livros médicos ocidentais. Entretanto, torna-se cada vez mais claro*

que o que o xamã chama de perda da alma – ou seja, um dano provocado no núcleo inviolável que é o ser essencial do indivíduo – efetivamente se manifesta como desespero, danos imunológicos, câncer e uma série de outras disfunções muito graves. Isso parece decorrer do insucesso de um relacionamento com entes queridos, da carreira ou outras ocorrências significativas[5].

Muitos terapeutas Junguianos encontraram um paralelo entre o conceito de perda da alma e seu trabalho. Marie Von Franz, uma importante analista junguiana escreveu:

A perda da alma pode ser constatada atualmente como um fenômeno psicológico no dia-a-dia dos seres humanos ao nosso redor. A perda da alma se manifesta na forma de uma repentina apatia e indiferença; a alegria desaparece da vida, a iniciativa fica prejudicada, a pessoa sente-se vazia, tudo parece sem sentido[6].

UMA LISTA DE VERIFICAÇÃO DE SINTOMAS

Pelo que leu até aqui, talvez você deseje um resumo dos indicadores específicos da perda da alma. As perguntas a seguir podem ajudá-lo a determinar se ocorreu ou não uma perda da alma. Para saber se a perda da alma é um problema para você, e se for, como ela se manifesta em sua vida, você pode responder às seguintes perguntas:

1. Você já teve dificuldade para ficar "presente" em seu corpo? Às vezes, sente-se fora do corpo, observando-o como se assistisse a um filme?

2. Você já se sentiu entorpecido, apático ou enfraquecido?

3. Você sofre de depressão crônica?

4. Você tem problemas com seu sistema imunológico e dificuldades para resistir às doenças?

5. Quando criança, você estava sempre doente?

6. Você tem lacunas nas lembranças de sua vida após os cinco anos de idade? Você sente como se tivesse apagado traumas significativos de sua vida?

7. Você luta contra vícios como, por exemplo, álcool, drogas, comida, sexo ou jogo?

8. Você procura coisas externas para preencher um vazio interior?

9. Você já encontrou dificuldade para levar adiante sua vida depois de um divórcio ou da morte de um ente querido?

10. Você sofre de síndrome de múltiplas personalidades?

Se você respondeu sim a alguma dessas perguntas, pode ser que você tenha sofrido uma perda da alma. Partes importantes de seu *self* central essencial pode estar fora de alcance. Se assim for, a energia vital e os dons naturais dessas partes estão temporariamente inacessíveis. Do meu ponto de vista, as partes perdidas sobrevivem em uma realidade incomum, da qual elas podem ser resgatadas apenas por meios xamânicos.

Neste capítulo, discutimos o antigo conceito de perda da alma e sua relação com os sofrimentos dos dias atuais.

Felizmente, o xamanismo oferece não apenas um diagnóstico e uma descrição desse problema tão comum, mas também um poderoso tratamento. No próximo capítulo vamos explorar a prática xamânica de resgate da alma que, como as recentes experiências clínicas demonstram, é tão aplicável atualmente quanto foi no alvorecer da humanidade.

As almas vagueiam pelo Universo

Perdidas ou roubadas

Afastadas de seus entes queridos

Destacadas do amor

Delicada e cuidadosamente

Nós as chamamos de volta

Procurando por elas nas esquinas escuras

Soprando-as de volta à vida

Com nossa respiração

Damos as boas-vindas

Em sua volta para casa

Ellen Jaffe Bitz

capítulo 2

o resgate da alma

As pessoas dizem que todos nós procuramos o significado da vida. Eu não acho que seja o que realmente procuramos. Acho que procuramos a experiência de estar vivos.
Joseph Campbell, em entrevista a Bill Moyers

A maioria de nós busca um claro sentido de nós mesmos. Percebemos que as únicas sensações de completude vêm de dentro. Percebemos que a segurança exterior é falsa e que precisamos nos sentir seguros dentro de nós mesmos. Quando estamos totalmente presentes, ou em casa, é muito mais fácil nos sentirmos em paz e seguros e em harmonia com o todo – o Universo. Podemos observar a natureza para termos um exemplo disso. Aqui está um breve exercício para ajudá-lo a sentir como é estar sólido e seguro.

> *Feche os olhos e respire profundamente três vezes. Faça um levantamento de seu corpo e preste atenção em cada parte em que você sinta dor ou tensão. Envie a respiração para essas áreas bloqueadas e permita que a tensão seja liberada. Não se apresse ao fazer isso, para que você possa permitir que seu corpo relaxe.*
> *Imagine-se indo para um lugar que você goste na natureza, onde você se sinta totalmente abastecido de energia. A*

lembrança desse local traz a você uma sensação de calma e alegria. Passeie por lá, olhe tudo em volta e interiorize tudo o que você vê. Permita-se sentir realmente nesse lugar. Sinta o ar na pele. Está úmido ou seco, quente ou frio? Sinta seus pés no chão e deixe os dedos dos pés penetrarem na terra. Toque-a. Ouça todos os sons. Você escuta a água correndo ou o vento soprando? Todos esses sons da vida estão aqui ou é muito silencioso? Sinta todos os cheiros.

Agora olhe ao redor e encontre uma árvore ao lado da qual você possa se sentar. Peça permissão para se sentar um pouco com ela, e se ela disser que sim, sente-se no chão, encostado no tronco e sentindo o sólido apoio que ela oferece. Faça uma jornada simbólica dentro da árvore, começando nas raízes. Imagine que você consiga sugar a água por meio de suas raízes, carregando os nutrientes para todas as partes da árvore e por todo o seu corpo. Sinta como você começa a pulsar com vida e energia à medida que cada célula é alimentada. Permita que essa energia passe através de seu corpo, conforme sente que ela se move através do tronco da árvore alimentando as folhas e os frutos que representam a vida – alimentando sua vida. Sinta sua conexão com toda a vida. Você é parte de um grande todo. Nenhum de nós está aqui sozinho.

Ainda encostado na árvore, sinta o amor do Universo. Perceba que agora você está sendo levado para encontrar as ferramentas capazes de levá-lo a um lugar de completude.

Quando as partes da alma se destacam e fogem para uma realidade incomum, deixando o indivíduo enfraquecido e desalentado, o trabalho do xamã é restaurar a completude. Para trazer de volta o que está faltando, o xamã precisa sair da consciência do dia-a-dia e se aventurar no mundo dos espíritos. Do ponto de vista clássico xamânico, o mundo dos espíritos é uma terra complexa e multidimensional, repleta de perigos para o não-iniciado. Apenas um xamã é capaz de se orientar habilmente entre as belezas e os perigos que existem ali. Por milhares de anos, o papel do xamã foi viajar para esses mundos espirituais interiores a fim de obter informações para curar e para recuperar as almas perdidas dos pacientes. Eliade escreveu sobre a vocação espiritual do xamã:

Tudo o que diz respeito à alma e à sua aventura, aqui na Terra e no Além, é exclusivamente da alçada do xamã.
Pela sua experiência pré-iniciática e iniciática, ele conhece o drama da alma humana, sua instabilidade, sua precariedade; além disso, conhece as forças que a ameaçam e as regiões para onde elas podem ser levadas. Se a cura xamânica envolve o êxtase, é exatamente porque a doença é encarada como uma corrupção ou alienação da alma[1].

OS TAMBORES E A JORNADA DO XAMÃ

Quando os xamãs "viajam", eles são transportados não para fora, pela face da Terra, mas para dentro, pela pulsação do som rítmico. Em vez de movimentar o corpo pelos meios físicos comuns, eles se movem para um estado alterado de consciência no qual experimentam realidades fora de nossa percepção normal. Michael Harner chama esse estado alterado de Estado de Consciência Xamânica (SSC em inglês). Em geral, é o som dos tambores que ajuda o xamã a alcançar o SSC[2]. Embora algumas culturas utilizem outros instrumentos de percussão, como chocalhos ou bastões, o tambor do xamã, nas palavras de Jeanne Achterberg, "impera como o meio mais importante de entrar em outras realidades, e como uma das características mais universais do xamanismo"[3].

A razão pela qual o tambor tem esse tipo de efeito poderoso não é compreendida claramente. Entretanto, os cientistas descobriram que ouvir uma batida monótona facilita a produção de ondas cerebrais nas faixas alfa e teta, ao contrário das ondas beta, características da consciência desperta comum. De acordo com o inventário feito por Maxwell Cade de um eletroencefalograma chamado Espelho da Mente (Mind Mirror), as ondas teta (4-7 ciclos por segundo) estão relacionadas com a criatividade, visões vívidas e estados de êxtase[4].

A ligação entre os tambores xamânicos e uma notável elevação na produção de ondas teta foi demonstrada em uma sessão pessoal com Anna Wise, que é discípula de Maxwell Cade, e a principal especialista norte-americana em Mind Mirror. Depois de ser conectada ao eletroencefalógrafo, pediram-me para estabelecer as linhas de base, sentada tranqüilamente com os olhos abertos, depois fechando os olhos e meditando, e depois imaginando determinadas cores e cenas. As ondas cerebrais associadas a essas atividades não eram diferentes daquelas de outras pessoas. Entretanto, quando comecei a tocar o tambor e entrei em um estado alterado, como havia feito milhares de vezes antes, em consultas xamânicas e *workshops*, a amplitude das ondas teta, especialmente no hemisfério direito de meu cérebro, atingiram o topo da escala do Mind Mirror.

Muitos nativos norte-americanos citam o tambor como "o batimento cardíaco da Terra". Nesse aspecto, vale destacar que a freqüência de ressonância eletromagnética da Terra, que foi medida em 7,5 ciclos por segundo, é equivalente em ondas cerebrais a um teta elevado/alfa baixo[5]. Parece que o tambor permite que o xamã sincronize suas ondas cerebrais com a pulsação da Terra.

OUTROS APETRECHOS UTILIZADOS

Além de tambores e chocalhos, os xamãs de diversas partes do mundo têm apetrechos sagrados para ajudá-los a resgatar almas. Por exemplo, os *manang* (xamãs do sudeste da Ásia) possuem uma caixa que contém uma série de objetos mágicos, entre os quais os mais importantes são cristais de quartzo conhecidos como "pedras de luz". No neoxamanismo, os praticantes contemporâneos muitas vezes utilizam cristais para iluminar a realidade incomum. Eles também podem ter "sacos de remédios", que são bolsas que contêm objetos relacionados com o seu animal de poder. Os xamãs que trabalham com um urso guardião podem conservar uma garra de urso por perto, durante suas jornadas.

Os xamãs de algumas culturas também usam objetos chamados "armadilhas de almas" (*soul catchers*). Por exemplo, os xamãs *tsimshian*, da Colúmbia Britânica, usavam uma armadilha de almas esculpida em um osso oco. Da mesma forma, Eliade cita um xamã *tungus* da Sibéria que usava um laço para capturar uma alma fugitiva[6].

Armadilha de almas com cabeças semelhantes a lobos, grandes dentes de cada lado e um rosto humanóide no meio. Lembra o ser sobrenatural Kwakiutl, Sisiutl, cuja forma comum é de uma serpente com uma cabeça em cada extremidade de seu corpo e uma face humanóide no centro. Essa armadilha de almas faz parte de uma coleção do Museu Nacional de História Natural do Smithsonian. (Permissão para publicar a Armadilha de Almas Tsimshian – cortesia do Instituto Smithsonian.)

GUARDIÕES E ESPÍRITOS AUXILIARES

De forma clássica, o xamã não realiza sua jornada sozinho. Animais do poder e outros espíritos auxiliares, além das forças elementais da natureza, ajudam o xamã a realizar o trabalho a ser feito. Eliade explica:

> *Deixando seu corpo, a alma (do xamã) entra no submundo e vai em busca da alma do paciente... Se a alma foi levada por um dos mortos, o xamã envia um de seus espíritos auxiliares para procurá-la. O espírito auxiliar captura a alma e a traz de volta...*

Se a alma foi levada por um espírito mau, o xamã é obrigado a fazer a jornada para recuperá-la, o que é muito mais difícil[7].

Essas armadilhas *tsimshian* foram coletadas no rio Nass, na Colúmbia Britânica por W.A. Newcomb, em 1905. Esculpidas em ossos ocos, as armadilhas de almas também representam o Sisiutl ou serpente de duas cabeças, que é muito comum nas culturas pré-colombianas e nos Andes. Essa representação também é encontrada nas artes mortuárias da China e se refere à Dinastia Han, 202 a.C. até 200 d.C. (Permissão para publicar a Armadilha de Almas *tsimshian* fornecida pelos Museu Nacional do Canadá, Museu Canadense da Civilização, neg # 101382.)

Os xamãs acreditam que cada ser humano tem um ou mais guardiões especiais que o protegem e lhe dão poder[8]. (Embora esses guardiões possam ser fadas ou duendes, em geral assumem a forma de um animal.) O guardião de uma pessoa, também chamado de seu animal de poder, pode ser um urso, uma águia, um cavalo, um golfinho ou um leão, por exemplo. Cada animal tem sua própria área de atuação e seus próprios e singulares poderes. A águia pode ensinar como ver o mundo de um ponto de vista afastado, aéreo, ou como voar aproveitando as sutis correntes da vida. O leão pode nos ensinar o poder para espreitar a presa e a ferocidade na proteção dos filhotes.

Esses animais aparecem para nós como fêmeas ou machos, e muitas vezes têm personalidades muito diferentes. Uma das minhas maiores dádivas ao trabalhar com a jornada xamânica foi a bela parceria que se desenvolveu entre meu animal de poder e eu.

A tarefa de um animal de poder é conservar sua energia saudável – física, emocional, mental e espiritualmente – oferecendo orientação e apoio. Na vida diária, qualquer pessoa pode invocar o seu animal de poder, quando for necessária uma carga extra de energia ou de ajuda, em um local perigoso, ou no caso de enfrentar uma doença.

Como as demais pessoas, o xamã invoca seu animal de poder para que o ajude na realidade comum. Entretanto, os xamãs também contam com eles para apoiá-los durante as jornadas espirituais. Parte da tarefa do animal de poder é ajudar o xamã a se orientar na realidade incomum. O animal de poder pode oferecer informações diretas sobre o que há de errado, como aliviar a doença ou sobre as medidas que o cliente deve tomar na realidade comum. Se o xamã encontrar a parte da alma em um local em que é difícil entrar ou sair, podem ser de grande ajuda a orientação, o aconselhamento e outras formas de auxílio do animal de poder. Por exemplo, o animal de poder pode ajudar diretamente no transporte da alma de volta à realidade comum.

Um xamã pode ter diversos animais de poder em determinado momento, e um animal de poder pode permanecer com o xamã por muitos anos, às vezes por quase toda a vida. Conforme o xamã e o animal de poder interagem ao longo do tempo, o xamã aprende em quais áreas o animal de poder é mais forte, e quando deve invocar determinados guardiões. Por exemplo, eu tenho um guardião que é melhor para dar conselhos sobre meus pacientes e outro que é melhor no que diz respeito à minha própria vida.

Além dos guardiões, que são espíritos amigos confiáveis, durante um longo período de tempo, o xamã tem a ajuda de espíritos auxiliares, que têm uma finalidade específica durante uma jornada específica. Se um xamã necessita de uma visão aérea da situação de um cliente, uma águia pode surgir e carregar o xamã até a altura necessária para que ele visualize a situação. Um elfo pode surgir e sussurrar ao ouvido do xamã uma parte da informação que está faltando. Talvez o xamã encontre um imenso mar que ele precise atravessar para chegar até a alma do cliente. Então, pode aparecer uma baleia ou um golfinho auxiliar para ajudá-lo.

REALIDADE INCOMUM

Quando os xamãs entram na realidade incomum, as regras do mundo exterior são suspensas. Os cavalos voam, as plantas falam, fadas e duendes estão por toda a parte. O tempo como o conhecemos é suspenso. Os xamãs podem, no tempo comum, gastar meia hora em uma jornada, mas durante aquela jornada, eles podem ver o sol nascer e se pôr. As regras exteriores de espaço também são anuladas nesses mundos incomuns. Com a ajuda de um espírito auxiliar, grandes distâncias podem ser vencidas em um curto espaço de tempo do mundo exterior.

Como os xamãs fazem milhares de jornadas ao longo

da vida, alguns territórios lhes são bastante conhecidos. Uma vez que o xamã tenha visitado um local como a Caverna das Crianças Perdidas, ele conhece o funcionamento daquele local e como se orientar por lá da próxima vez. O lugar passa a fazer parte do mapa do xamã.

Os xamãs muitas vezes têm lugares de poder na realidade incomum. Da mesma forma que nós temos lugares que nos fazem sentir em paz, felizes e contentes no mundo exterior, os xamãs também têm lugares na realidade interior, onde eles podem relaxar e refletir. Em minhas jornadas pela realidade interior, por exemplo, eu freqüentemente vejo um denso bosque de pinheiros ao redor de uma cachoeira que forma uma grande piscina de água. Meu animal de poder mora ali com fadas, elfos e cervos. Eu sento nas pedras e contemplo o céu azul acima da copa das árvores. Eu me deito na terra macia e fresca e volto a experimentar em segurança diversas sensações da vida comum. Deitada no chão eu posso sentir como se as batidas do meu coração estivessem sincronizadas com a pulsação da terra e sinto a minha ligação com toda a existência.

Outras jornadas são como uma aventura de Jornada nas Estrelas, em que os xamãs encontram lugares e seres com os quais estão menos familiarizados. Os xamãs podem se ver em desertos áridos que parecem infinitos. Ali, podem encontrar estranhos cactos que dizem a ele o que fazer para curar o paciente. O xamã pode se ver em uma caverna onde ocorre um ritual tribal africano e ser convidado a participar dele por uma sábia mulher. Eliade classificou a realidade incomum em três principais territórios: Mundo Superior, Mundo Intermediário e Mundo Inferior. Os nomes se originam da direção da viagem empreendida pelo xamã para chegar a esses mundos[9].

Existem diversos níveis no Mundo Superior e no Mundo Inferior. Ao percorrer esses territórios, o praticante do xamanismo percebe que ele vive em um Universo ilimitado. Embora as descrições da realidade incomum estejam sujeitas às limitações mentais, vou contar um pouco do que eu vivencio lá, para dar uma idéia de como podem ser esses lugares.

O Mundo Superior é experimentado por algumas pessoas como etéreo. A luz é muito intensa e as cores podem ir de uma luminosidade ofuscante a tons pastéis, passando pelo cinza até a completa escuridão. No Mundo Superior eu sei que estou de pé sobre alguma coisa, mas muitas vezes não tenho certeza do que me sustenta ali. Eu posso me encontrar em uma cidade cristalina com edifícios intricados e quartos feitos de cristal e vidro. Ou pode haver um lago ao lado ou uma cidade de nuvens. Os animais de poder vivem ali, assim como os mestres de forma humana que podem orientar com sabedoria as relações humanas.

Uma visita ao Mundo Inferior

Contrastando com o incorpóreo Mundo Superior, o Mundo Inferior é alcançado por meio de um túnel que leva para dentro da terra[10]. Embora os seres e os acontecimentos incomuns sejam a regra por aqui, as paisagens muitas vezes são reconhecivelmente terrenas: cavernas, oceanos, densas florestas e selvas. Eu posso sentir a terra com os dedos. Os seres que habitam o Mundo Inferior são os espíritos de plantas e animais, além de espíritos humanos que estão conectados com os mistérios da terra.

O Mundo Intermediário é reconhecível como a nossa própria biosfera, mas transposta para um registro incomum. Nesse mundo, o xamã pode viajar para a frente e para trás nas histórias humanas. Por vezes, a alma de um paciente ficou em um momento passado de sua vida, enquanto o mundo exterior continuou a caminhar para a frente. Para resgatar essa alma, o xamã precisa viajar pelo Mundo Intermediário voltando a esse momento específico e descobrir uma maneira de tirar a alma de lá.

MÉTODOS PARA TRAZER UMA ALMA DE VOLTA

O xamã, com o objetivo de resgatar a alma perdida do cliente, viaja pela realidade incomum até que encontra a alma errante. Uma vez encontrada, como eu expliquei, a tarefa do xamã é trazer a alma de volta à realidade comum.

Mas como? Para capturar ou prender a alma perdida, os xamãs tradicionais usam artimanhas, adulação, roubo ou os acessórios espirituais mencionados anteriormente. Considerando-se as forças maléficas que, para os xamãs mais tradicionais, são responsáveis pela perda da alma – como possessão por um morto, estupro ou roubo realizado por um humano mal-intencionado – esse tipo de atitude talvez faça sentido.

Minha própria visão da perda da alma é influenciada pela compreensão psicológica contemporânea. A perda da alma com a qual eu trabalho, é em geral resultado de traumas físicos ou emocionais, nos quais não há um vilão bem definido. O trauma que provoca a perda da alma muitas vezes é infligido por pessoas que são vítimas de seus próprios traumas. Eu destaco isso não para desculpar o perpetrador, mas para chamar a atenção para o grande encadeamento de perdas de alma, conforme uma geração passa seus traumas para a seguinte.

No caso de incesto, por exemplo, o pai agressor é muitas vezes um sobrevivente de incesto. Parte da alma do pai foi perdida desde sua própria infância traumática. Saber disso não torna suas agressões menos horríveis, mas torna-as mais compreensíveis. Como os pais podem abusar de seus próprios filhos sem estar de alguma maneira afastados de seu próprio equilíbrio? A perda da alma acarreta a perda de outras almas.

O mesmo é válido para os perpetradores de qualquer crime violento. Esses crimes podem ser hediondos, causando enormes danos às vítimas. Além da solidariedade com a vítima, perguntamos: Como os criminosos se tornaram tão dissociados de sentimentos humanos? Quais são as causas de sua evidente perda da alma?

A perda da alma é uma estratégia de adaptação ao trauma original. Deixar o corpo é por vezes a forma mais inteligente de escapar do impacto total de um horror em particular. Seja uma mulher estuprada ou um homem diante das brutalidades da guerra, essa adaptação pode ajudar o indivíduo a sobreviver. Da mesma forma, uma criança pequena, dependente dos pais para sua sobrevivência, não pode abandonar fisicamente uma situação de abuso e precisa encontrar uma forma de diminuir a dor. Sempre me emociona ouvir alguém dizer “Eu coloco minha alma em um lugar seguro onde ninguém possa machucá-la”. Quando a alma escapa do corpo, uma inteligência intrínseca está em ação.

A NEGOCIAÇÃO EM LUGAR DA TRAPAÇA

Como praticante, eu não me sinto bem em capturar e arrastar de volta uma alma da forma como afirmam que alguns xamãs tradicionais faziam. Eu acho que a opção de retornar deve vir da própria alma, a partir da informação de que a situação original mudou. Eu faço qualquer coisa honesta que puder para convencer a alma a voltar. Eu explico à entidade perdida que as coisas mudaram desde a infância e que elas agora têm muito mais controle sobre sua vida. Eventualmente, posso lembrá-la das boas coisas que sua vida ofereceu e usar aqueles prazeres como incentivo para sua volta. Reconheço sua dor e seu terror passados, enquanto negocio delicadamente seu retorno ao presente.

Às vezes, as partes da alma encontraram um mundo espiritual agradável que é preferível àquele que ela deixou para trás, e não querem voltar. Outras, a alma partiu para um outro mundo que não é particularmente agradável, mas no qual ela está perdida ou presa. De qualquer modo, minha tarefa é fazer a parte da alma compreender que seu lugar é no corpo do cliente.

RETORNO À REALIDADE COMUM

O xamã tradicional pode relatar alguns dos eventos ocorridos durante a jornada, ajudando assim o cliente a compreender a natureza de sua enfermidade. Se o xamã recebeu orientação sobre ervas ou remédios físicos que possam ajudar na sua cura, ele também os recomenda.

De forma similar, eu freqüentemente partilho com o cliente diversos detalhes que experimentei em minha jornada. Entretanto, tenho cuidado com o que eu conto. Se eu não sei, por exemplo, se o cliente tem conhecimento de ter sido vítima de incesto, não transmitirei nenhuma informação sobre abuso que eu tenha recebido durante a jornada.

Muitas vezes, quando eu descrevo uma imagem ou uma cena de uma jornada, o cliente sente uma profunda identificação. Mesmo quando algumas imagens não têm um significado lógico ou literal em termos da vida dele, eu percebo que a informação em geral tem um efeito de alívio e cura, que nem o cliente nem eu entendemos plena e conscientemente. Esse é um dos mistérios do trabalho.

O RESGATE DA ALMA E A PSICOTERAPIA

Depois do que leu neste capítulo, talvez você esteja interessado, mas um pouco intranqüilo com relação às abordagens usadas neste tipo de cura. Em alguns aspectos, o xamanismo difere radicalmente dos métodos da psicoterapia, principalmente atualmente, pois nossas pressuposições sobre a relação da pessoa que cura com o cliente são profundamente influenciadas pela psicologia.

Todos estamos familiarizados com a imagem do cliente deitado no divã, com o psicanalista sentado atrás dele, ouvindo. Seja em livros, filmes ou na televisão, essa imagem cultural simboliza um tipo específico de investigação humana no qual um cliente viaja ativamente para mundos interiores de sonhos e lembranças, enquanto o terapeuta catalisa, observa, guia e apóia esse processo.

Nosso modelo dominante de cura psicológica é baseado no modelo de um cliente que esmiúça ativamente seu próprio passado para encontrar os traumas que se alojaram profundamente em sua psique, oculto ou obscurecido por defesas. Seja por meio da livre associação no modelo Freudiano, seja por meio de sonhos ou arte na terapia Junguiana, ou a hipnose na hipnoterapia, é introduzido um veículo que permite ao cliente fazer a jornada para dentro do inconsciente. Em certo sentido, o cliente é o xamã, que viaja para recuperar sua própria alma perdida. Considerando-se esse atual modelo de cura, o mundo do resgate da alma, a princípio, pode parecer de cabeça para baixo ou do avesso.

Como alguém treinado em psicologia, eu tenho grande simpatia por essa abordagem. Explorar a si mesmo e aprender a riqueza de sua própria alma pode ser uma valiosa experiência de aprendizado para quase todas as pessoas. No entanto, para que a alma seja explorada, ela precisa estar presente. Qual pode ser o sucesso da psicoterapia, quando o terapeuta está falando com uma pessoa que não está presente?

Do meu ponto de vista, é frustrante tentar compreender os padrões negativos de uma pessoa e alterá-los, se não há ninguém que seja responsável por esses padrões negativos. Às vezes, as pessoas gastam anos fazendo psicoterapia antes de sentir segurança bastante para permitir o retorno de sua essência vital – quando ela retorna.

A antiga prática de resgate da alma e a psicologia moderna potencialmente têm muito a oferecer uma à outra. Recuperando as partes perdidas da alma, o xamã pode fornecer ao psicoterapeuta um paciente completo, com o qual ele poderá fazer o trabalho psicológico, possibilitando resultados mais rápidos e mais profundos. Por outro lado, o psicoterapeuta pode ajudar os pacientes a aumentarem sua auto-estima e estimular padrões de vida saudáveis que lhes permitam permanecer vivos e presentes em seu corpo, depois que a alma tiver retornado. Adaptar-se à presença total no corpo, aprender maneiras saudáveis de se relacionar com o *self* e outras tarefas já é trabalho suficiente para o psicoterapeuta e para o cliente.

MINHA DESCOBERTA DO RESGATE DA ALMA

No próximo capítulo vou conduzi-lo por alguns resgates de alma que realizei, para que você possa vivenciar a riqueza e vitalidade do trabalho. Como transição, eu gostaria de contar a história de como eu descobri o espantoso processo de resgate da alma.

Como estudante formada em orientação psicológica, eu participei de um *workshop* sobre xamanismo com Michel Harner, antropólogo que escreveu *The way of the shaman*. Depois de estudar o assunto em todo o mundo, Harner encontrou alguns elementos comuns à maioria das culturas xamânicas. Esses elementos, que ele classificou como "xamanismo básico", incluem a indução ao Estado Xamânico de Consciência (SSC – Shamanic State of Consciousness) por meio do som de tambores; a entrada na realidade incomum por meio de uma abertura na terra; o trabalho com animais de poder e espíritos auxiliares; a exploração de mundos incomuns; e a prática de trazer de volta informações de cura para o indivíduo ou para a comunidade.

Desde o princípio, eu fiquei profundamente impressionada com o trabalho de Harner. Em minha primeira jornada sob sua orientação, eu encontrei meu animal de poder que, para meu espanto, respondeu-me perguntas sobre minha própria vida. Essa primeira jornada me convenceu do poder e da verdade do xamanismo.

Depois do *workshop* inicial, eu decidi praticar as jornadas com um grupo de amigos. Encontrávamo-nos semanalmente, sentávamos em círculo, revezando-nos para tocar tambor, e dividindo nossas experiências. Depois de me tornar confiante com o método, passei a ensiná-lo a alguns clientes nas minhas sessões de orientação. Eu descobri que era uma maneira eficaz para as pessoas encontrarem informações sobre elas mesmas, para se tornarem suas próprias autoridades. Era também uma poderosa maneira de voltar a me conectar com as forças energizantes da vida.

Depois de uma série de treinamentos, eu me tornei membro da Escola Internacional da Fundação de Michael Harner para Estudos Xamânicos. Por fim, ministrei cursos nos Estados Unidos, na Austrália, Nova Zelândia, Áustria, Dinamarca e Suíça.

Durante os primeiros anos de minha prática xamânica, ensinei a algumas pessoas como empreender a jornada e como trabalhar com seus animais de poder. Mais tarde, comecei a ensinar outras práticas xamânicas. Embora eu já tivesse conhecimento do resgate da alma, por intermédio dos ensinamentos de Michael Harner e da literatura, ele ainda não fazia parte de minha experiência de ensino. Entretanto, no fim da década de 80 eu tive uma experiência que me introduziu ao resgate da alma de uma maneira repentina e dramática.

DOIS BRACINHOS

Em um de meus *workshops*, uma mulher chamada Carol havia acabado de realizar, sob minha orientação, uma jornada xamânica ao Mundo Superior, um dos reinos freqüentemente visitados pelos xamãs. Carol encontrou um mestre que disse que ela precisava trabalhar com seriedade um trauma que havia sofrido quando criança. Na volta da jornada, Carol me contou que quando tinha três anos de idade, havia sido estuprada por seu pai. Eu aceitei encontrá-la na manhã seguinte para ajudá-la a enfrentar sua dor e, se possível, aliviá-la.

Quando nos encontramos, em primeiro lugar eu fiz uma jornada para conversar com meu animal de poder e perguntar como eu poderia ajudá-la. Naquela época eu já estava trabalhando com esse espírito havia oito anos, e tinha recebido dele muitas comunicações telepáticas sábias e de grande valia. Na sessão com Carol, um assistente ajudou com o tambor, que rapidamente me auxiliou a entrar em um estado alterado de consciência. Quando o tambor começou a tocar, eu entrei na terra através de um tronco oco de árvore que levava a um túnel escuro e que chegava ao Mundo Inferior. Enquanto viajava em direção da luz, enviei uma intensa mensagem telepática para que meu animal de poder me aguardasse ali. Cheguei ao Mundo Inferior; lá havia um bosque de pinheiros e um rio. Era um local que eu já havia visitado muitas vezes e que sempre me trazia grande paz. Como eu esperava, meu animal de poder estava esperando por mim. Sentamo-nos ao lado do rio e eu lhe contei sobre o problema de Carol.

Como resposta, ele me levou para o passado da vida dela. De repente, eu me vi assistindo o que aconteceu com ela, quando tinha três anos de idade. Assisti a algo quê eu estava totalmente despreparada. Enquanto ocorria o estupro, vi a alma de Carol, sua essência, separar-se de seu corpo e ir embora. Enquanto via sua alma partir, percebi que ela havia ido para um lugar conhecido no xamanismo como o vazio – um lugar de escuridão total, silencioso e sem vida.

Ficou claro para mim que a alma de Carol estava no vazio desde o estupro em sua infância. Prosseguindo minha jornada, comecei a tentar localizá-la no vazio, com a firme intenção de encontrá-la. Eu não enxergava nada na escuridão, e então chamei seu nome. A voz de uma criança respondeu:

– Estou aqui.

– Não consigo vê-la – eu gritei. – Você consegue me ver?

– Sim – ela disse.

Perguntei se ela queria voltar comigo.

– Sim – ela respondeu.

Nesse momento eu senti dois bracinhos ao redor de meu pescoço. Era hora de voltar para casa. Quando voltamos à realidade comum, eu soprei a alma de três anos de idade no coração e no topo da cabeça de Carol, como os xamãs tradicionalmente fazem.

Retornando com Carol do vazio

– Bem-vinda de volta – eu disse à parte que havia estado perdida no vazio.

Quando eu falei com Carol sobre minhas experiências, ela disse se lembrar do vazio e de ter ido para lá quando tinha três anos. Ela nunca havia conseguido descrever essa experiência para ninguém. Estava emocionada por eu ter me importado tanto com ela a ponto de ir até aquele lugar escuro e vazio à procura dela[11].

Algumas semanas depois de nossa sessão, Carol me telefonou. Ela disse que se sentia como se estivesse presente em seu corpo pela primeira vez como adulta. Que sempre havia se sentido desconectada de si mesma, mas agora experimentava a vida direta e intensamente. As cores pareciam mais vibrantes. As plantas pareciam tão vivas quanto os animais. Ela não sentia mais a vida como um filme que ela apenas observava.

A essa altura, eu nunca havia trabalhado com sobreviventes de incesto. Eu não sabia que o relato de Carol sobre se sentir desconectada de seu corpo era consistente com o de outras pessoas que sofreram abuso sexual. A partir daí, notei que diversos tipos de trauma – acidentes, doenças, intervenções cirúrgicas, perda de pessoas queridas e abuso de qualquer tipo – pode fazer com que a pessoa passe a se sentir separada de seu corpo. Notei que as almas de muitas crianças e adultos estão perdidas no vazio ou em outros mundos espirituais, e que o resgate delas pode ajudá-las a voltar para seu lugar no corpo.

Diversos meses depois de começar a usar esse método, conheci Christina Crawford, autora de *Mamãezinha querida* e fundadora da Survivors Network. Ela participou de um *workshop* em que eu demonstrei o resgate de almas. Por meio de suas viagens e do trabalho com sua organização, Christina ouvia constantes relatos sobre os efeitos do abuso. Quando trabalhamos juntas com a técnica de resgate da alma, ela ficou tão impressionada que me pediu mais informações. Logo ela começou a incluir o resgate da alma em seu trabalho com os sobreviventes.

Meu trabalho, primeiro com Carol e depois com Christina, levou-me a formular certas perguntas. Enquanto andava pelo país ministrando *workshops* semanais sobre xamanismo, eu me perguntava quantos de nós estamos separados de nossas almas por conta de um trauma. Eu me perguntava até que ponto o abuso desenfreado de comida e álcool ou outras drogas é uma tentativa frustrada de preencher o vazio criado por essa perda. Gradualmente, comecei a ver a ligação entre a dor psicológica dominante em nossa sociedade e o antigo diagnóstico de perda da alma. Essas perguntas me levaram a explorar as técnicas de resgate da alma.

Para observar como essas técnicas funcionam no mundo moderno, você poderá, no próximo capítulo, acompanhar-me enquanto eu viajo pela realidade incomum para resgatar partes de almas de muitos de meus clientes.

Vejo Crianças Escondidas

Eu vejo o rosto de cada criança machucada;
Olhos fixos que só a escuridão ilumina;
Onde elas vão brincar,
E onde podem descansar?

Eu vejo seus rostos na noite
Cada espírito estilhaçado e despedaçado
Para sempre com a cicatriz da fuga
Elas gostariam de não ter sido feridas

Em seus olhos as lágrimas secaram
e as faces rosadas empalideceram
Onde seus espíritos vão caminhar esta noite?
Aonde fica o caminho que leva para casa?

Eu não sei tocar tambor, mas toco por elas
E toco também por mim

Stephen Van Buren

capítulo 3

localização de almas perdidas

Mãe, uma de suas filhas quer vir para casa. Ajude-me a trazê-la de volta para você, para que ela possa encontrar seu lugar na Terra.

Oração usada em resgate de almas.

Enquanto você se prepara para viajar comigo, eu o convido a acender uma vela. Em ocasiões tão diferentes como festas de aniversário e serviços religiosos, usamos velas para nos levar a um estado de espírito especial. Uma vela nos lembra, por exemplo, que a matéria sólida (a cera) relaciona-se com o espírito (a luz). Quando estou prestes a entrar na realidade incomum, às vezes eu acendo uma vela como forma de chamar os espíritos auxiliares. Da mesma forma, você pode se juntar a mim nesse espírito agora, acendendo uma vela doméstica, sentando ao lado dela por um momento e deixando-a acesa enquanto lê. O que pode ser mais simples?

Acenda a vela. Note, enquanto faz isso, se você sente alguma sutil alteração em seu corpo. Talvez você se sinta de alguma forma mais iluminado. Emocionalmente, você pode se sentir um pouco mais seguro e em paz. Se esses efeitos não aparecerem logo de início, deixe a vela queimar e talvez você sinta alguma diferença enquanto lê.

O espírito vem ao nosso espaço, atendendo a um chamado. Acendendo sua vela, saiba que o espírito vai guiá-lo e apoiá-lo enquanto você me acompanha em minhas viagens. O seu intelecto pode aprender muito sobre o xamanismo, mas seu coração pode atingi-lo de maneira muito mais profunda. Talvez você esteja aberto ao xamanismo – não como uma crença ou uma fé, mas como uma aventura que pode trazer resultados verificáveis. A vela apenas lembra que você está aberto para essa aventura.

Imagine agora que estamos juntos em uma sala à meia-luz. Você está sentado em uma poltrona ou almofada, assistindo-me. Eu, no meio da sala, preparo-me para fazer o resgate de uma alma. Você me vê puxar uma velha manta cinza, decorada com desenhos cor de vinho.

Essa manta e eu somos velhas amigas. Desde que a ganhei, eu a usei em centenas de sessões de cura. Uma vez fiquei sobre ela durante quatro dias e três noites, jejuando e rezando, em busca de uma visão. Essa manta é uma ferramenta de cura que me ajuda a fazer a travessia para a realidade incomum. Quando me deito nela, sinto-me acolhida pelo espírito e plena de poder curativo.

Depois de estender a manta, você me vê colocar perto de mim meu chocalho, um tambor nativo norte-americano e um cristal. No início de cada sessão eu agito o chocalho enquanto rezo para a Grande Mãe (aspecto feminino do espírito) para me ajudar a trazer de volta a alma de meu cliente. O tambor será tocado por um assistente. (Quando não há ninguém para ajudar-me, eu uso um CD com tambores xamânicos. Entretanto, mesmo nesse caso eu conservo meu tambor por perto.) Como a manta, meu tambor participou de muitas jornadas. Sua simples presença começa a me transportar para outros mundos.

Meu cristal também fica ao meu lado. Quando começo a viajar, eu o conservo em meu bolso para me lembrar de que tenho a possibilidade de ver o que está oculto para além da consciência comum. É o meu equivalente das armadilhas de almas usadas pelos xamãs tradicionais.

Enquanto você relaxa em sua poltrona e assiste a procedimentos que podem lhe parecer meio estranhos, eu recomendo que você respire profundamente algumas vezes. Pode ser que as pessoas que você vai observar não sejam, até certo ponto, tão diferentes de você. O que elas têm em comum é o desejo de uma profunda cura e de uma maior sensação de estarem vivas. Essas pessoas podem ter ou não conhecimento das práticas xamânicas.

Recoste-se em seu privilegiado papel de observador protegido. Olhe com interesse e curiosidade, conforme cada cliente vem a esta sala para uma sessão. Um de cada vez, Susan, Ellen, Edward e Marsha vão se deitar na manta, ao meu lado, cada um com o ombro, quadril e tornozelo tocando os meus. Observe-me quando o tambor começar a bater, quando eu cubrir os olhos com meu antebraço e começar a mergulhar em um estado alterado de consciência.

Nesse momento você receberá o precioso dom da visão interior. Você é capaz de ver não apenas as formas exteriores, minha e de meus clientes deitados no chão, mas também o conteúdo de minhas visões, à medida que viajo para dentro de mundos incomuns. Onde eu for, você também vai.

Há uma única exceção. Durante cada jornada vou falar

com meu animal guardião. No mundo dos xamãs, a identidade do guardião do indivíduo é um segredo muito bem guardado. Partilhá-lo com outros, exceto em circunstâncias especiais, iria dispersar seu poder. Por essa razão, eu não descreverei explicitamente meu guardião. Para tornar essas jornadas mais ricas, você poderá visualizar um animal de que goste e respeite, e deixá-lo fazer as mesmas ações que meu guardião faz.

E agora o primeiro cliente bate à porta. É Susan.

A GAROTINHA QUE NÃO QUERIA VOLTAR PARA CASA

Susan trabalha com orientação de pessoas com problemas de abuso de álcool e drogas. Como muitas orientadoras, ela própria está em terapia, tanto para facilitar sua própria cura como para aumentar sua sensibilidade profissional. Durante algum tempo ela achou que sua própria terapia estava estagnada. Ela e seu terapeuta trabalhavam com a metáfora de fazer contato com a criança interior dela. Mas onde estava essa criança? Por mais que tentasse, Susan não conseguia encontrá-la dentro de si mesma. Tanto ela quanto seu terapeuta estavam frustrados, e decidiram que ela devia tentar uma outra forma de se reconectar com sua criança interior. Ela veio até mim para ver se eu posso ajudá-la nessa busca.

Antes de começar a mudar minha consciência por meio do som do tambor, eu peço para Susan me mostrar a jóia que ela está usando. Ao procurar partes da alma que fugiram, eu percebi que um bom método é procurar pelas jóias. Pense sobre isso. Na realidade incomum, as partes da alma podem não se parecer muito com o cliente que veio procurar ajuda, especialmente se a parte da alma foi perdida na infância. Mas qualquer que seja a idade que a alma tenha na realidade incomum, seu *self* anterior vai usar as mesmas jóias que o cliente usa no presente. Se eu conseguir encontrar o mesmo anel ou bracelete, posso identificar a alma perdida apesar da diferença de idade.

Susan está usando um delicado anel de prata em sua mão direita. Depois de cantar minha canção de poder, eu deito ao seu lado, conservando no olho de minha mente a intenção de minha jornada. Quando o tambor começa a tocar, eu subo flutuando por diversas camadas de nuvens, e depois de alguns momentos sou lançada ao espaço, vou caindo em câmara lenta, sentindo-me perdida em um limbo de sensações delicadas e reconfortantes. Rodeada de escuridão e sons suaves, sou facilmente levada para um estado de inconsciência. De repente, lembro-me de minha missão e saio desse estado, chamando por Susan.

Olho ao redor, e à medida que meus olhos focalizam, eu vejo que a escuridão está repleta de planetas e estrelas brilhantes. Expandindo minha visão, eu vejo surgir a cabeça de uma criança por trás do que parece ser uma grande rocha flutuando no espaço. Flutuando até ela, como se estivesse livre de gravidade, eu relaxo e me aproximo de forma a não assustá-la.

– Você é Susan? – pergunto.

A criança assente e eu vislumbro o anel de prata em sua mão direita. Ela parece ter cerca de sete anos.

– Susan – eu digo. – Eu sou uma amiga que quer levá-la para casa.

– Não – ela responde –, eu não quero voltar para lá. – Ela parece à beira de um ataque de nervos.

A essa altura, meu animal de poder surge ao meu lado e me mostra uma cena da vida de Susan na realidade comum, aos sete anos. Eu vejo as imagens como se estivesse assistindo a um filme. Susan está sentada em sua sala de estar brincando com bonecas. Seu pai entra com aparência cansada depois de um longo dia de trabalho. Ele está apenas cansado ou esteve bebendo? Não sei dizer. Infelizmente, ele tropeça em um dos muitos brinquedos de Susan.

– Quantas vezes eu tenho de dizer para não deixar seus brinquedos espalhados pela sala? – ele grita.

Quando o pai entrou, Susan levantou-se com suas mãos nas costas para saudá-lo. Irritado, ele a esbofeteou. Meu animal de poder olha para mim e diz telepaticamente "esta não é a primeira vez e não será a última".

Agora eu volto da cena que me foi mostrada por meu guardião e olho novamente para a pequena Susan escondida atrás da rocha. Ela está claramente com medo de voltar comigo para a realidade comum. No entanto, meu guardião tem o dom de falar delicadamente e transmitir confiança para crianças assustadas.

– Susan – ele diz –, lembra-se como você gostava de caminhar pelo bosque, cantando para as árvores? Lembra-se como você gostava de pular corda e jogar bola?

Ao ouvir essas palavras, Susan se mostra menos assustada e assume um olhar distante. Eu também falo:

– Você agora é muito maior e não mora mais com seus pais. Você não precisa se preocupar que ele bata novamente em você. Você está segura, Susan. Você vem para casa comigo?

Enfim, ela concorda em voltar.

Depois que retornamos à realidade comum, eu me sento e sopro aquela parte da alma em Susan através de seu peito e pelo alto de sua cabeça, da forma tradicional. Ela se senta e eu conto minhas experiências nessa jornada. Como Susan me parece emocionalmente estável e tinha consciência anterior desse abuso, eu me sinto à vontade para lhe contar o que ocorreu em minha jornada.

(Alguns meses depois, Susan me conta que aquela sessão abriu uma "delicada recordação" de sua infância perdida; que ela adora ter sua criança de volta, e que não está mais deprimida. E o mais importante, ter a criança de volta ajudou-a a avançar em sua terapia[1].)

JORNADA À CAVERNA DAS CRIANÇAS PERDIDAS

Quando Ellen entra na sala, ela parece deprimida e desanimada. O relato de sua vida confirma: embora seu trabalho no escritório seja estável, ela esteve envolvida em uma série de relacionamentos dolorosos e doentios com homens. Quase sempre rancorosa com alguém por alguma razão, ela quer desesperadamente experimentar a felicidade que não consegue encontrar.

Pergunto a Ellen se ela realmente quer mudar e se ela se sente segura comigo. Quando ela responde "sim" às duas perguntas, percebo que estamos prontas para começar.

> *Depois de dizer minha oração e deitar ao lado de Ellen no tapete, eu entro por um tronco de árvore que me leva a um túnel escuro e frio. Meu cabelo esbarra na parte superior do túnel e eu sinto a terra fria caindo no meu rosto. Eu caminho pelo túnel, pedindo silenciosamente ao meu animal de poder que espere por mim na saída. Ao mesmo tempo, concentro-me na intenção de encontrar uma parte perdida de Ellen que possa ajudá-la.*
>
> *Quando saio do túnel para a luz, meu animal de poder agarra minha mão tão rapidamente que eu não tenho tempo de olhar ao redor ou me comunicar verbalmente com ele. Ele começa a me levar cada vez mais fundo na terra, através de um reino conhecido como Mundo Inferior. A princípio, eu presto bastante atenção aos níveis pelos quais passamos, mas logo perco a conta de quantas camadas passamos. Enquanto viajamos, minha garganta aperta e sinto a pele úmida; tenho uma premonição sobre aonde vamos.*

Finalmente chegamos num lugar vazio e desolado. Um céu azul luminoso clareia misteriosamente uma paisagem de terra marrom-claro, que se estende até uma montanha distante. Não há sinal de verde ou de qualquer coisa viva.

Meu animal de poder e eu caminhamos juntos pelo chão macio, sentindo o vazio absoluto do lugar. Lentamente nos aproximamos da entrada de uma caverna localizada em uma montanha, com pedras caídas por todo o lado. Quando entramos na escuridão total da caverna meu coração acelera. Eu sei que estamos na Caverna das Crianças Perdidas, um dos lugares mais tristes dos Mundos Inferiores. Quando meus olhos se acostumam à escuridão, eu vejo a silhueta de centenas de crianças de todas as raças amontoadas na caverna. Centenas de olhos grandes e tristes – negros, castanhos e azuis – estão fixos em mim. Sinto um aperto de dor no coração por vê-las em sua realidade fora do tempo – perdidas, indesejadas e assustadas. Sempre esperando.

Eu me afasto da dor de minha reação e volto a me concentrar para encontrar Ellen. Logo sinto um puxão no meu plexo solar como se houvesse ali uma corda esticada. Uma criança com um intenso olhar de cor cinza-azulado se dirige a mim. Ela tem cerca de cinco anos. A escuridão me impede de ver claramente o que ela está vestindo.

– Você é Ellen?

Ela assente com a cabeça, sem nenhuma expressão no rosto. Quando pergunto se ela quer voltar comigo ela me segura tão forte que suas longas unhas se enterram em meu braço. Eu pego uma de suas mãos, meu animal de poder segura a outra, e começamos a sair em fila da caverna. Ao sairmos, tenho consciência do olhar fixo e lúgubre das outras crianças abandonadas.

Uma vez fora da caverna, eu me abaixo e limpo a terra e as lágrimas do rosto de Ellen com um lenço. Ela nos conta que seus pais estão tão preocupados com seus próprios problemas que se esqueceram dela. Diz que sua mãe tem bebido constantemente desde que seu pai foi embora e que não há ninguém para cuidar dela. Ela começa a chorar, dizendo:

– Eu estava com tanto medo!.

Sinto-me paralisada pela sua dor, mas meu animal de poder, sempre cheio de surpresas, toma a atitude correta. Ele começa a fazer caretas para Ellen, até que ela abre um sorriso. Isso alivia a tristeza que eu sentia desde que saí da caverna.

Pergunto a Ellen se ela está pronta para voltar para a Ellen adulta, que está esperando por ela na realidade comum.

Ela diz que está quase pronta, mas antes quer me perguntar uma coisa.
– Você sabe por que Ellen está sempre tão irritada?
Eu digo que não sei.
– Ellen pensa que precisa ser grande e zangada para me proteger. Eu não preciso de proteção. Eu só quero alguém que me ame – diz ela.
Eu a pego nos braços e pouso sua cabeça em meu ombro. Delicadamente, carrego-a até a realidade comum.

A caverna das crianças perdidas

Eu sopro a criança de cinco anos para dentro da Ellen adulta e agito o chocalho em torno dela por quatro vezes, a fim de selar aquela parte da alma em seu corpo. Quando Ellen abre os olhos eu digo à sua alma retornada:

– Bem-vinda de volta.

Ellen imediatamente diz que sente um calor agradável em seu plexo solar. Quando conto a Ellen minhas visões, ela confirma dois fatos que na realidade comum eu não sabia: seus pais se separaram quando ela tinha cinco anos e sua mãe era alcoólatra. Ela sabe que naquela idade perdeu a capacidade de confiar, e que isso havia afetado sua habilidade de aceitar intimidade com qualquer pessoa. Quando eu relato que sua parte criança disse que a irritação da Ellen adulta servia como proteção para a garotinha, Ellen compreende. Enquanto falamos, Ellen diz que o calor está se espalhando pelo seu corpo. Seus dedos das mãos e dos pés começam a formigar.

(Alguns meses depois eu volto a falar com Ellen. As coisas não estão perfeitas em sua vida, porém ela fez mudanças significativas. Ela se sente mais flexível e brincalhona e em geral mais confiante de si. Embora eu ainda seja assombrada pelos olhos das crianças abandonadas, ela lembra com grande alívio da jornada de volta para casa.)

O MENINO COM O LAR PERFEITO

Uma alma nem sempre precisa viajar para o Mundo Inferior (como Ellen) ou para o Mundo Superior (como Susan). Muitas vezes a alma se perde em nosso próprio nível de realidade, presa em um momento do passado (ou mesmo do futuro). Este é o caso de Edward, que é carpinteiro.

Ele parece agitado e incomodado ao entrar na sala.

Um de seus problemas mais importantes é o fato de nunca se sentir à vontade em qualquer lugar onde more. Ele se mudou diversas vezes, tentando encontrar um lugar onde se sinta em casa, mas sempre se sente agitado, pensando para onde mudar em seguida.

Eu começo a jornada em busca dele, com a oração de sempre e tocando o chocalho. Eu me concentro na intenção de ir aonde quer que seja necessário para recuperar a parte da alma que será mais adequada à vida de Edward.

> *Enquanto sigo o som das batidas do tambor, eu me vejo do lado de fora de uma casa perto da praia. O sol está brilhando, o ar úmido tem cheiro de sal.*
>
> *A casa me lembra um quadro de Norman Rockwell. Cortinas leves estão abertas, revelando uma sala de estar impecável. Olhando através delas, eu vejo um tapete cor creme e diversos móveis confortáveis. Fotos de família estão alinhadas na parede. Voltando minha atenção para a vizinhança, vejo casas térreas de estilo californiano. Todo o quarteirão está muito silencioso, mas eu imagino crianças andando de bicicleta depois da escola, e os pais lavando seus carros no fim de semana.*
>
> *Repito quatro vezes minha intenção de encontrar as partes perdidas da alma de Edward. Minha intenção me leva ao interior da casa. Eu passo por um corredor fresco e estreito e chego a uma alegre cozinha*

amarela. Quando me dirijo para a porta dos fundos, vejo Edward no quintal montando sua barraca. Ele parece um menino de nove anos extremamente satisfeito. Aproximo-me dele e explico que fui enviada para levá-lo para casa. Ele responde sem hesitar:

– Mas eu estou em casa.

Eu lhe explico que o tempo passou e que ele não tem mais nove anos. Que é um adulto de quarenta e três anos. O pequeno Edward me escuta de má vontade, sem a menor vontade de sair dali.

– Mas eu adoro este lugar – diz ele choroso.

– Por favor, não me faça ir embora.

Eu pergunto a Edward onde estão seus pais e ele diz desafiadoramente que eles se mudaram.

– Mas eles não podem me fazer mudar daqui.

O dilema atual de Edward começou a ficar claro. Seus pais saíram daquela casa de que ele tanto gostava quando tinha nove anos e uma parte dele ficou para trás. Ele nunca foi capaz de se sentir em casa em qualquer outro lugar, porque uma parte dele nunca saiu dali. Ao contrário de Ellen, que eu encontrei presa em um lugar triste e solitário, o pequeno Edward estava em um mundo que ele realmente adorava. No entanto, eu lhe explico pacientemente que seu verdadeiro lugar é com o Edward adulto,

> *e que até que eles se reúnam nenhum dos dois pode ser realmente feliz.*
>
> *O pequeno Edward afasta os olhos enquanto pensa nas minhas palavras. Por fim pergunta:*
>
> *– Edward realmente me quer de volta?*
>
> *Eu lhe garanto que sim. Ele me pergunta como deve fazer para voltar e coloca timidamente sua mão na minha. Nós acenamos juntos para sua casa enquanto voltamos para a realidade comum.*

Depois de dar as boas-vindas à alma, eu descrevo minha jornada ao meu cliente. Emocionado com as imagens, ele me diz que seu pai havia sido transferido de Los Angeles para o Leste quando ele tinha nove anos. Edward odiou ter de deixar o único lar que ele conhecera. Ele nunca pôde entender sua irracional atração por Los Angeles, porque não tinha intenção de morar lá. Mas tinha certeza de que uma parte de sua alma de criança havia ficado na casa que ele amava.

A MULHER QUE ADORAVA DORMIR

Veja agora a entrada de Marsha na sala. Ela está abatida e deprimida. É difícil imaginar onde ela consegue energia para ajudar as pessoas em seu trabalho como psicoterapeuta. De fato, ela afirma que não está satisfeita com seu trabalho nem com sua vida pessoal. Seus melhores momentos agora são quando ela está dormindo; é quando ela se sente satisfeita. O resto do tempo ela se sente esgotada e anseia por voltar para a cama.

Nós fazemos os rituais preparatórios e eu me concentro na intenção de trazer de volta as partes perdidas da alma.

Quando inicio a jornada, vejo-me puxada através de uma membrana de nuvens para dentro do Mundo Superior. Olho ao redor e vejo a alma de Marsha muito semelhante a Marsha atual, subindo por uma corda de prata. Ela tenta desesperadamente chegar até um bebê que ela consegue ver, mas não alcança.

– Marsha – eu pergunto –, aonde você vai?

– Eu tenho de pegar meu bebê.

Eu tenho uma forte intuição.

– Esse bebê é você?

Marsha responde que sim.

– Toda noite eu chego um pouco mais perto do meu bebê. Eu o quero de volta.

O seu sofrimento me aperta o coração. Ela é como Sísifo, que rola uma pedra para o topo da colina sem nunca chegar ao fim. Marsha parece condenada a subir eternamente sem nunca alcançar seu bebê.

Como ajudá-la? Na realidade incomum eu sou capaz de subir rapidamente a corda até o lugar em que Marsha não consegue alcançar. Lá está o bebê deitado em uma nuvem. Eu o pego e, apertando-o contra meu peito, começo a descer a corda. Quando chego até Marsha, coloco-o delicadamente em seus braços.

– Marsha, coloque os braços em volta da minha cintura – digo para ela.

Nós três deslizamos através das camadas de nuvens do Mundo Superior e voltamos à realidade comum. Segurando o adulto com o bebê em seus braços, eu os sopro no peito de Marsha e no alto de sua cabeça.

– Bem-vinda de volta – sussurro.

Quando conto para Marsha o que vi em minha jornada, ela se emociona, embora não saiba muito bem porque ou quando seu bebê a deixou. (Ao reencontrar Marsha alguns meses mais tarde, fico sabendo que ela sentiu sua energia aumentar incrivelmente. Ela está empolgada com seu trabalho e não sente tanta necessidade de dormir[2].)

A experiência de Marsha demonstra que a percepção e a compreensão não são essenciais para esse tipo de cura. Embora ela tenha prática com a terapia de *insight*, seu alívio teve pouco a ver com a compreensão intelectual de como ou por que ocorreu a separação de sua alma. O elemento crucial parece ter sido sua reunião com as partes perdidas do seu *self*.

ALGUMAS CONSIDERAÇÕES SOBRE MINHAS JORNADAS

Depois de viajar comigo, você provavelmente fez algumas anotações mentais sobre a natureza dessas jornadas interiores. Uma coisa que deve ter chamado sua atenção é a imprevisibilidade desse trabalho. Embora os rituais exteriores de preparação e retorno forneçam uma base previsível para a jornada, as imagens que surgem são ricas e variadas. As figuras que vão ocupar essa moldura são sempre uma surpresa.

Eu nunca sei exatamente para onde vou ou o quê vai acontecer. Eu não sei se será ao Mundo Inferior, Intermediário ou Superior ou se as partes de almas serão adultas, crianças ou (como no caso de Marsha) ambas. Eu não sei se as almas estarão presas em realidades infelizes ou terão encontrado lugares mais harmoniosos que vão relutar em deixar. Certamente não posso predizer quais serão minhas reações. Eu posso experimentar um grande temor ou uma intensa alegria. Lugares como a Caverna das Crianças Perdidas podem me assombrar durante anos.

Ao entrar na realidade incomum, eu abdico das minhas idéias sobre o que é possível. Eu posso receber imagens incrivelmente precisas da vivência anterior de um cliente ou coisas de que não tenho conhecimento na realidade comum. Minha tarefa é deixar de lado minhas limitadas idéias sobre o que é possível e me abrir totalmente aos lugares para onde sou levada.

Como conservar esse tipo de abertura? Em parte, sou apoiada e guiada pelo objetivo curativo da jornada. Minha intenção é como uma flecha vencendo abismos e distrações da realidade incomum. O tempo me ensinou que uma forte intenção interior vai me guiar diretamente à experiência que precisa acontecer. Se perco a objetividade devido ao estado da alma (como na minha jornada em busca de Susan) ou devido a medos (como aconteceu com Ellen), eu posso recuperar minha intenção de cura e retomar o caminho.

Também é importante a ajuda dos meus animais de poder e dos espíritos auxiliares – parceiros indispensáveis que me orientam, apóiam e instruem quando eu penetro em territórios desconhecidos. Como você se lembra, meu animal de poder me tirou de diversos impasses nas jornadas que narrei. Coisas simples, como fazer rir a assustada Ellen, podem reverter totalmente uma situação.

Como em qualquer parceria, a confiança cresce com a repetição das experiências de apoio e cuidado. Eu recebi sabedoria e apoio tão consistentes de meus guardiões que agora confio totalmente neles. Quando viajo para mundos desconhecidos, eu sei que vou receber a ajuda necessária.

Em minha prática xamânica, a combinação de rituais externos consistentes e estáveis, e uma experiência interior rica e variada, trouxe-me equilíbrio e força. Não consigo imaginar como viver sem ter acesso a esses mundos interiores. Não consigo imaginar como viver sem ajudar os outros a se tornarem completos por meio deste trabalho.

2ª parte

a busca

capítulo 4

uma questão de técnica

Descrevendo o resgate da alma dos ostyak vasyugan, da Ásia Central: o xamã não é absolutamente "possuído" por seus espíritos auxiliares. Como observa Karjalainen, eles sussurram em seu ouvido da mesma maneira que os "pássaros" inspiram os bardos épicos.
Mircea Eliade, *Shamanism*: archaic techniques of ecstasy

Se você compreender apenas as palavras intenção e confiança, você entenderá a base da cura xamânica. Quando alguém faz o resgate de uma alma, é essencial ter uma intenção absolutamente clara: qual é a missão que você está tentando cumprir? Da mesma maneira, é indispensável confiar que você terá a ajuda espiritual de que precisa.

No xamanismo (como em outras formas de cura), não é o xamã quem faz o trabalho. Os xamãs são apenas os instrumentos pelos quais o poder do Universo se manifesta. Portanto, pedir ajuda aos espíritos e confiar que eles estarão lá é a base das responsabilidades do xamã. Lembre-se, um instrumento não toca sozinho.

No xamanismo, o poder da cura xamânica vem do desejo do xamã de intervir no reino espiritual em nome do cliente. Os espíritos se apiedam do cliente porque alguém mais deseja fazer um esforço por este indivíduo.

A parte mais difícil de fazer o trabalho xamânico é a questão da confiança. Nossa cultura não apóia o xamanismo e o trabalho com espíritos. Como então alguém se lança nesse trabalho e declara sua crença total nessas forças invisíveis?

Esse dilema não me é estranho. Eu cresci no Brooklyn,

em uma família de classe média, com fortes crenças de classe média. Às vezes, em meio a uma cura xamânica, minha mente se intromete e pergunta: "Sandra, o que você está fazendo? Você ficou totalmente louca". Eu acalmo minha mente repetindo para mim mesma: "Isto realmente funciona". Fazer isso permite que eu volte a entrar em um estado mais profundo de consciência onde minha ligação com o espírito é poderosa. A confiança vem com a experiência. Em mais de onze anos de viagens xamânicas, os espíritos nunca me decepcionaram.

Aprender a realizar curas xamânicas leva tempo, muita prática e experiência. Neste capítulo descreverei os detalhes de meu trabalho para desmistificá-lo. Não pretendo ensinar como resgatar almas neste capítulo – isto, eu acredito, é antiético. Acho também antiético que alguém tente fazer o resgate de uma alma depois de ler este livro.

Se desejamos realmente honrar os espíritos e usar os antigos caminhos de maneira poderosa, precisamos conservar a integridade no trabalho a todo o momento. Por favor, não desonre as pessoas importantes para você ou os espíritos, tentando resgatar almas sem o treinamento adequado.

ENCONTRO COM O CLIENTE

Minha entrevista com meus clientes é diferente dos primeiros encontros que ocorrem na psicoterapia tradicional. Para resgatar uma alma com sucesso, eu não preciso conhecer a história do indivíduo. Quando comecei a fazer resgates de almas, eu não estava certa de que o método funcionasse, então, com a primeira centena de pessoas que eu atendi, eu fiz uma experiência. Eu pedia que meus clientes não dissessem nada sobre eles mesmos ou seus problemas. Eu apenas explicava o que era o resgate da alma e pedia que tivessem confiança de que poderiam receber de volta as partes deles de que estavam necessitando.

Como eu imaginava e esperava que pudesse ocorrer, a sintonia foi fantástica. Repetidas vezes o que eu encontrei em minhas jornadas xamânicas coincidia exatamente com as lembranças da vida do indivíduo. Quando trabalhei com Steven, eu vi que aos vinte e oito anos de idade ele sofreu uma desilusão. Depois descobri que essa foi a idade que ele tinha quando sua mulher o deixou.

Em minha jornada em busca de Catherine, eu a vi com quatro anos, vestindo determinadas roupas e desesperadamente agarrada a uma boneca de pano. Alguns dias depois, Catherine retornou com a fotografia exata dela e da boneca que eu descrevi.

Com Valerie eu testemunhei a violência cometida contra seu *self* de cinco anos de idade, por um homem que parecia uma sombra com chapéu. Valerie depois me contou que seu avô havia abusado dela. Ela sempre lembrava da sua imensa sombra na parede à noite, e ela sempre via seu chapéu.

Com a maioria dos resgates de alma havia uma total sintonia com a idade do trauma e com o que o cliente lembrava. Evidentemente, havia clientes para os quais a informação não significava nada. Alguns dos eventos que eu vi, ocorreram antes da memória consciente; e alguns clientes não estavam prontos emocionalmente para se lembrar dos acontecimentos.

Depois de quase um ano de trabalho "às cegas", eu desenvolvi uma confiança maior no método de resgate da alma. Eu me tornei mais flexível com relação às informações que as pessoas me passavam sobre sua história. Mas eu ainda sinto que informação demais interfere no meu trabalho, então eu peço às pessoas que apenas resumam seus principais problemas.

É muito importante que meus clientes confiem em mim e sintam-se seguros comigo. Historicamente, nas sociedades tribais, confiava-se cegamente no xamã. Eles eram como médicos, altamente respeitados na sociedade. Atualmente, a maioria das pessoas que vem trabalhar comigo, encontram-me pela primeira vez. Estou prestes a literalmente "soprar" sua alma vital em seus corpos. É uma experiência de incrível intimidade e antes de iniciar a jornada eu quero que meus clientes sintam-se seguros comigo. As estatísticas revelam que nos Estados Unidos, uma em cada três mulheres e um em cada cinco homens sofreram abusos[1]. Eu quero ter a certeza de que meus clientes e eu estamos trabalhando em parceria para sua cura e que eu não sou mais uma pessoa a fazer alguma coisa *a* eles.

A minha forma de desenvolver a segurança é permitir bastante tempo na sessão para que falemos juntos. Isso dá aos meus clientes a oportunidade de me conhecer como pessoa e decidir se querem trabalhar comigo. Eu também explico o xamanismo, a jornada xamânica, os animais de poder e a enfermidade do ponto de vista xamânico, para que eles se familiarizem com o sistema. O xamanismo faz sentido para as pessoas e eu nunca encontrei um cliente que ficasse confuso com relação ao seu funcionamento.

Na sessão, minha explicação da perda da alma é relativamente simples; a maioria de meus clientes já sente que falta uma parte deles mesmos. Eles ficam aliviados ao descobrirem que o que eles sentiram durante a maior parte de suas vidas, na verdade, têm um nome.

Explicar os efeitos do resgate da alma é difícil. Eu não sou categórica quanto aos efeitos porque como veremos no capítulo oito, há uma grande variedade de experiências, e não há maneira de prever qual será a resposta do cliente. Todos nós temos nossa própria maneira de lidar com as experiências, e eu confio implicitamente na forma como cada pessoa processa a informação, e que ela sabe o momento correto de assimilar, integrar e lidar com as lembranças que possam surgir.

Como eu não sei como o indivíduo vai se sentir depois do resgate da alma, eu recomendo que os clientes agendem um horário que lhes permita ter o resto do dia livre, para o caso de eles precisarem de um tempo para si mesmos depois da experiência. Eu também peço que as pessoas se abstenham de álcool por vinte e quatro horas antes e depois do resgate da alma; eu acredito que o álcool distorce as sensações que afloram.

Uma das perguntas mais importantes que eu faço aos clientes é se eles desejam que ocorra uma mudança em sua vida; pois a vida das pessoas realmente muda depois do resgate da alma. O que significa mudar? Eu acho que muitas pessoas relacionam mudança com ganhar na loteria ou coisa semelhante. Muitas vezes é necessária uma reeducação sobre a mudança. Uma vez que a alma da pessoa retorna, freqüentemente surge a necessidade de alterar padrões de vida que envolvem relacionamentos, família, dieta ou trabalho que são abusivos ou nocivos. A maioria das pessoas faz alterações que trazem de volta a harmonia em sua vida. (No capítulo oito, eu falo sobre isso com mais detalhes.) Advirto meus clientes que a vida deles provavelmente será diferente. Se eles não querem nenhuma mudança, então o resgate da alma não é o processo correto. A resposta mais comum é:

– Sim, eu estou pronto para mudar alguma coisa. É por esse motivo que eu estou aqui!

Eu lhes explico que vou tocá-los e depois soprar sua alma para dentro do corpo, e lhes peço permissão para isso. Como meus clientes podem estar lidando com questões ligadas ao abuso, eu não quero que me considerem outro agressor.

Por fim, eu lhes pergunto sobre o seu sistema de apoio. Quem se preocupa que a pessoa volte para casa? Quem estará lá se surgirem lembranças dolorosas nas semanas seguintes? Quem vai estar lá para participar da comemoração e alegria de estar presente outra vez? Uma maneira de estabelecer um sistema automático de apoio é fazer com que o cliente traga um amigo ou uma pessoa importante para participar da cerimônia. O amigo pode ajudar a tocar tambor, testemunhar o processo e estar por perto para dar as boas-vindas à pessoa.

Agora que os passos preliminares foram dados, o trabalho real de resgate da alma está pronto para começar.

DEFININDO O ESPAÇO

O resgate da alma é uma cerimônia. Portanto, é necessário que o espaço esteja preparado de determinada maneira. O processo da criação desse espaço varia de acordo com as pessoas que fazem o trabalho. A primeira coisa é acender uma vela em uma sala escura; é com esse ato que eu solicito a presença do espírito na sala.

A seguir, eu preparo tudo o que preciso para o resgate da alma. Coloco minha manta no chão para meu cliente deitar comigo. Na manta, coloco meu chocalho, que será usado para chamar os espíritos auxiliares. Tiro a minha pequena armadilha de almas de cristal, caso precise dela. Aprendi que às vezes em minha jornada, tenho dificuldade para segurar todas as partes da alma. Um cristal pode atuar como uma confortável "sala de espera" para as partes da alma, enquanto eu continuo minha jornada. Minha armadilha de almas de cristal também ajuda se a alma estiver estilhaçada. Ela funciona como um aspirador de pó para juntar essas partes.

No capítulo dois, mencionei que os xamãs *manang* do sudeste da Ásia usavam cristais como armadilhas de almas; também existem ilustrações de armadilhas de almas usadas pelo povo da Costa Noroeste, feitas de ossos escavados. Essas ferramentas às vezes podem ser úteis, mas eu advirto as pessoas para não se tornarem dependentes delas. Às vezes esquecemos onde reside a verdadeira fonte do poder, e a transferimos para nossas ferramentas. No trabalho de cura espiritual, as ferramentas podem ser úteis, mas não essenciais.

A seguir, peço ao cliente para deitar-se na manta. Explico-lhe que quando eu estiver pronta para iniciar meu trabalho, vou deitar ao seu lado, tocando seu ombro, quadril e tornozelo.

Antes de começar minha jornada, ajoelho ao lado de meu cliente. Eu assobio para chamar os espíritos auxiliares para que possamos todos trabalhar em parceria. Então, começo a agitar o chocalho e cantar minha canção de poder, uma canção que recebi anos atrás. Essa canção altera minha consciência, o que é essencial para tirar do caminho meu ego e minha consciência comum, para que o trabalho possa começar. Quando me sinto alterada, eu deito ao lado do meu cliente.

Chamando os espíritos auxiliares

A JORNADA

Ao deitar ao lado de meu cliente, o tambor começa

a ser tocado. Eu peço que alguém toque para mim, ou, se não for possível, eu coloco uma fita de tambores xamânicos. Meu cliente foi instruído para ficar quieto, permanecendo tão "presente" quanto possível, e receptivo às partes da alma que retornarem. O cliente permanece passivo nesse estágio. Minha responsabilidade é localizar as partes da alma e trazê-las de volta. O trabalho do cliente começa quando ele sai do meu consultório e começa a integrar as partes da alma à sua vida diária – uma grande tarefa!

Quando o tambor começa, eu repito minha intenção para mim mesma quatro vezes. Por exemplo, "Éu estou procurando qualquer parte perdida de Jane que ela precise ter de volta neste momento". Se eu souber de algum problema especial que esteja afetando Jane – como abuso, vício, pesar ou desconfiança – mantenho essa informação próxima de mim, para que os espíritos mostrem as partes necessárias que têm relação com esse problema em particular. O tambor é minha trilha para fora do meu corpo, além de meu caminho de volta, mas é minha intenção que me leva em minha jornada xamânica e me ajuda a localizar o cliente. Eu realmente sinto um puxão físico em meu plexo solar para ir para determinada direção do Mundo Inferior, do Intermediário ou do Mundo Superior.

Quando um ser humano "perde sua alma", o xamã entra em êxtase por meio de uma técnica especial; enquanto permanece nesse estado, sua alma viaja para o mundo dos espíritos. Os xamãs se esforçam para poder, por exemplo, localizar a alma no submundo da mesma maneira que um caçador localiza a presa no mundo físico... Uma vez que a alma perdida foi recapturada, eles a trazem de volta e a recolocam no corpo de onde saiu, alcançando assim a cura[2].

Quando falo em partir numa jornada xamânica, qual parte de mim viaja? Ao alterar minha percepção e consciência, minha própria alma deixa o corpo para entrar na realidade incomum; é a alma que faz a viagem na jornada xamânica. De acordo com o antropólogo Åke Hukltkrantz: "Em toda a América do Norte, exceto no sudoeste, de uma forma ou de outra existe a crença de que o homem é equipado com dois tipos de alma: uma ou mais almas corpóreas que dão a vida, o movimento e a consciência ao corpo, e uma alma de sonho ou livre, idêntica ao próprio homem, com a qual ele se manifesta exteriormente ao corpo em diversas regiões de penumbra psíquica"[3]. Eu acredito que é a alma livre que viaja, e que por meio dos resgates de almas nós trazemos de volta partes da alma física que foram perdidas.

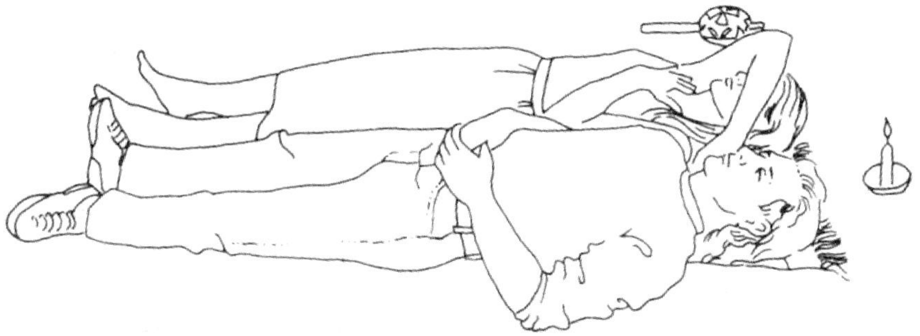

A jornada

Um aspecto importante da jornada é que um xamã viaja quando quer. Ele entra na realidade incomum quando quer e volta à realidade comum quando quer. O xamã não fica preso, mas passa de uma realidade à outra com a disciplina aprendida, praticada e experimentada constantemente.

Localizar a alma de uma pessoa não é tão difícil quanto parece. Novamente, é a intenção e a confiança que contam, porque o xamã não sabe se a alma está perdida no Mundo Superior, Intermediário ou Inferior.

Recebe-se muita ajuda durante a jornada. Às vezes eu acho que recebo ajuda demais. Meu animal de poder me dá o rumo. Muitas vezes encontro o espírito de meu cliente na realidade incomum. Embora eu peça aos clientes para estarem presentes em seu corpo durante um resgate de alma, eles raramente o fazem. Em vez disso, vêm junto para ajudar. Então, como veremos nos estudos dos casos a seguir, as partes da alma que eu já encontrei me dão informações. Quando trabalhei com Charles, sua parte de cinco anos de idade me disse que eu precisava encontrar sua parte de nove anos no Mundo Superior.

Ao realizar um resgate de alma eu recebo informações de diversas maneiras, sem nunca saber com antecedência como a informação virá. Às vezes, vejo a cena e detalhes do trauma, como na jornada em busca de Carol. Outras, apenas posso ver a parte da alma com certa idade na realidade incomum, como no caso de Susan. Muitas vezes recebo ordens do meu animal de poder: "Vá pegar a de quatro anos". As informações sempre vêm de forma diferente e eu sempre posso pedir mais, se precisar.

Quando Jackie me procurou para fazer um resgate de alma, ela disse que sofria de falta de autoconfiança. Ao começar minha jornada, eu senti o conhecido puxão em meu plexo solar me arrastando para o Mundo Superior. À distância, na escuridão, eu encontrei Jackie com trinta e três anos, com aparência muito desconsolada.

– Jackie, o que aconteceu? – eu perguntei.

– Meu marido me trocou por outra – ela respondeu.

Pelo que eu conheço da perda da alma, eu suspeitei que

em uma idade anterior devia ter surgido um padrão que definiu a questão problemática na vida de Jackie. Então, a essa altura eu pedi ao meu animal de poder: "Mostre-me onde tudo começou". De mãos dadas, a Jackie adulta e eu voamos de volta no tempo e espaço por entre a escuridão até uma cena de uma sala de aula, onde uma jovem, Jackie, estava muito enrubescida, cercada de outras crianças de seis anos de idade do primeiro ano. A professora de Jackie gritava com ela:

– Jackie, você é preguiçosa, e vive sonhando acordada. Você nunca vai ser nada na vida!

Arrasada e humilhada, a alma de Jackie saiu da sala, levando sua imaginação e criatividade com ela. A parte de Jackie que ficou para trás continuou ouvindo as palavras da professora ecoando na cabeça. Esse incidente, muito anterior, foi o começo de tudo – a luta de Jackie durante toda a vida em busca de auto-estima.

MÚLTIPLAS PARTES DA ALMA

Até agora, você aprendeu que falta mais de uma parte da alma para a maioria de nós. Sofremos uma série de traumas em diferentes períodos de nossa vida, que fazem com que diversos pedaços de nossa alma vão embora. Quantas partes podemos perder? Isso depende do indivíduo e de sua história. Eu descobri que precisa haver pelo menos tantas partes na realidade comum quantos as que estão na realidade incomum. As pessoas não podem viver se houver mais partes fora de seu corpo do que nele.

Durante a maior parte de meus resgates de almas, eu recuperei de três a seis partes ao mesmo tempo. No resgate da alma de Jerry, encontrei uma parte dele que havia ido embora aos cinco anos, quando ele caiu de bicicleta, uma aos catorze anos, durante uma operação de apendicite e outra aos dezenove, enquanto ele estava no Vietnã.

Como eu disse antes, as partes da alma podem me ajudar enquanto eu faço meu trabalho. Eu trabalhei com Sherry, que sofreu uma perda da alma durante a dissolução do seu casamento aos vinte e oito anos. Ela também perdeu sua alma aos quatro anos, quando se sentiu abandonada com o divórcio de seus pais. Eu encontrei a Sherry de quatro anos ainda em seu quarto no Mundo Intermediário, tremendo de medo. A parte de vinte e oito anos estava comigo, e ela delicadamente pegou a de quatro anos e segurou-a contra seu coração, aconchegando-a, dizendo palavras de conforto e amor. Ela enxugou as lágrimas dos olhos da criança e a beijou. As palavras de amor e o conforto físico trouxeram um sorriso que iluminou a garotinha. A dupla, feliz, retornou à cliente de quarenta e quatro anos deitada no chão da minha sala, esperando para se unir à sua essência perdida.

Quando a teimosa Lois, de trinta e três anos, não queria retornar à realidade comigo, sua impetuosa parte de cinco anos foi a única que pôde convencer a parte da alma mais velha a vir conosco. Testemunhar a compaixão e o apoio dedicado por partes mais fortes às partes assustadas, frágeis e desapontadas é sempre uma experiência comovente.

A perda múltipla de alma costuma seguir um padrão. A perda da alma de Leslie ocorreu aos três, seis e vinte e oito anos, todas as vezes em que ela sentiu sua liberdade e independência ameaçadas. A série de almas de Kevin espalhadas pela realidade incomum foi causada por sentimentos de abandono.

É possível trazer apenas certo número de partes de almas de cada vez. A razão é simples. Quando a alma retorna, ela volta com toda a dor que experimentou na partida. As lembranças que cercam o trauma muitas vezes levam algum tempo para retornar. Eu não quero sobrecarregar o indivíduo com um excesso de lembranças de dor física e/ou emocional. Para saber quantas partes trazer de volta, eu sigo as instruções de meu animal de poder, em cujo julgamento eu confio implicitamente. Quando ele diz: “É o bastante por hora”, minha busca termina.

A integração das partes que voltaram leva algum tempo. Eu peço que meus clientes aguardem alguns meses antes de decidirem se querem outro resgate de alma. No capítulo sobre a vida após o resgate da alma eu falarei mais sobre essa questão da integração, mas é desnecessário dizer que conforme o trauma e a saúde física e emocional da pessoa, o período de integração varia consideravelmente.

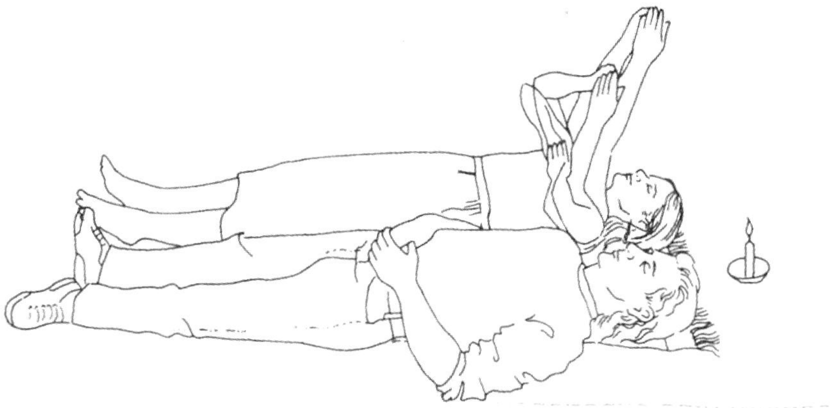

Trazendo a alma para a realidade comum

Como eu devolvo às pessoas as almas resgatadas? Na realidade incomum eu encontrei muitas partes de almas, que podem estar esperando em meu cristal, ou podem estar de mãos dadas comigo para formar uma corrente, ou podem estar montadas nas costas de um animal de poder que se ofereça para ajudar. Meu trabalho seguinte é trazer essas partes de volta da realidade incomum para a comum, visualizando e sentindo seu retorno comigo. Lenta e firmemente eu as recolho em meu coração e depois me levanto fisicamente e ajoelho ao lado do cliente. Faço uma concha com minhas mãos sobre o "centro cardíaco" de meu cliente e, deliberadamente, sopro as partes da alma por meio de minhas mãos para dentro do corpo, visualizando sua entrada em todo o corpo. A seguir, eu ajudo meu cliente a se sentar e sopro as partes no topo da cabeça, novamente visualizando as partes que passam pelo corpo. Durante esse processo, eu mantenho algum tipo de contato físico. Eu agito meu chocalho ao redor de meus clientes quatro vezes para "selar" as almas e depois olho diretamente em seus olhos e digo:

– Bem-vinda de volta.

Ao relatar minha experiência aos clientes, eu lembro a eles que eu não sei se as informações que recebi são literais ou metafóricas e, portanto, eles devem decidir o que é relevante para eles. Quando trabalhei com Robert, por exemplo, minha intenção de encontrar sua alma me levou ao Mundo Inferior, onde eu o vi com nove anos se afogando no mar. Quando falei sobre isso com Robert, ele respondeu que se sentiu "se afogando" emocionalmente e não fisicamente. Como as informações durante as jornadas muitas vezes vêm de forma metafórica, eu tenho o cuidado de não relatá-las literalmente, embora às vezes elas sejam literais. Narrar minha experiência e permitir que o cliente selecione as informações é uma maneira maravilhosa de devolver o poder ao cliente, sem impor qualquer interpretação.

Como já mencionei, *não vou relatar uma cena de abuso sexual, a não ser que eu saiba que meu cliente já tem consciência do abuso.*

Eu acredito que seria antiético fazer isso. Então, com Steven eu disse:

– Eu vi alguma coisa traumática que aconteceu com você aos sete anos. Você tem alguma lembrança disso?

Quando ele me disse que havia sido abusado por seu tio, eu completei os detalhes que eram necessários.

Soprando a alma

Outra cliente, Karen, não tinha lembrança de seus quatro anos; então, não lhe contei o que vi em minha jornada. Algumas semanas depois, Karen me ligou para falar sobre lembranças de abuso sexual que estavam ressurgindo. Então eu lhe contei o que havia visto em minha jornada.

As pessoas recuperam as lembranças de acordo com seu próprio momento. Eu acho muito importante confiar no próprio ser do indivíduo para deixar as lembranças surgirem no momento e no lugar corretos. Algumas lembranças surgem durante atividades do dia-a-dia, e outras se revelam em sonhos. Eu confio na inteligência intrínseca do cliente nesse aspecto.

Depois de narrar minha jornada aos clientes, dou-lhes alguns minutos para vivenciarem como *é* estar presente.

Eu toco um maravilhoso instrumento chamado taça tibetana, que emite um som contínuo e calmante. Digo ao cliente para se deitar de costas, ouvir o som da taça e vivenciar a si próprio, sentindo como é estar totalmente presente de novo.

A essa altura nossa sessão termina. Dou-lhe de presente uma pedra ou um cristal para que ele possa se lembrar dessa experiência. Eu também peço que ele vá a um lugar da natureza, deixe uma oferenda ou um presente e agradeça por sua vida.

Em uma jornada, alguns anos atrás, foi-me dito: "A Terra quer seus filhos de volta, e ela quer que eles voltem já". O resgate da alma é uma poderosa maneira de trazer as pessoas de volta a seus corpos, à Terra e ao lar.

Soprando a alma

UM EXERCÍCIO DE INTENÇÃO E CONFIANÇA

Em meus *workshops*, destaco repetidas vezes que as chaves para a cura são intenção e confiança. Eu sugiro que as pessoas se lembrem das vezes em que conseguiram o que desejavam, focalizando claramente no que estavam pedindo e acreditando que viria. Em outras palavras, manifestando intenção e confiança. Aqui está um exercício simples, uma boa forma de começar.

Pense em algo simples que você gostaria que acontecesse. Seja realista sobre o que está pedindo. Estabeleça sua intenção. Anote o que quer. Observe se você acredita que isso pode acontecer. Use sua fé e acredite que pode. Observe como sua intenção ajuda a criar as ações necessárias para levá-lo para mais perto do que deseja.

★ Mignon ser aprovada no mestrado da USP.

★ Simone passar no concurso da UFPS

★ Eu, D. conseguir sucesso na minha prática clínica - consultório

★ Tudo isto é possível, porque nós: • acreditamos
• queremos e
• merecemos ★

capítulo 5

exemplos clássicos de resgate da alma

A única coisa valiosa em um homem é a alma. É por isso que ela tem a vida eterna, seja no mundo dos céus ou no submundo. A alma é a maior força do homem, é ela que nos torna humanos, mas como faz isso nós não sabemos. Nosso corpo não é nada mais do que um invólucro para o nosso poder vital.

Intinilik, esquimó utkahikjaling

A literatura sobre o resgate da alma mostra que as cerimônias eram praticadas em todo o mundo. De acordo com Mircea Eliade e Michael Harner, xamãs de diversas partes do mundo realizaram jornadas extáticas em busca da alma. Eu li a respeito da perda e/ou resgate da alma na Sibéria, Ásia Central, Indonésia, China, Índia, Américas do Norte e do Sul, Filipinas, Nordeste da África, Nova Guiné, Melanésia e Austrália. As cerimônias de resgate da alma variam conforme a cultura. Alguns dos exemplos a seguir não são necessariamente xamânicos por natureza; mesmo assim, são cerimônias que demonstram como o resgate da alma é tratado em outras culturas.

Em *The way of the animal powers*, Joseph Campbell descreve a história de um resgate de alma que também mostra a importância do tambor para o xamã.

> *Sem dúvida o mais importante, além de mais característico, de todos esses recursos Malo-Altaico é o tambor. O xamã é transportado por seu tambor; e os buriat ou irkutsk afirmam que graças ao poder do*

tambor, originalmente de dois couros, seu primeiro xamã, Moyan-Kara, conseguia trazer de volta até mesmo a alma dos mortos.

Erlen Khan, o Senhor dos Mortos, reclamou com o grande deus Tengri, que por causa de Moyan-Kara ele não conseguia mais segurar as almas trazidas para ele por seus mensageiros; então o próprio Tengri resolveu colocar o xamã à prova com um teste. Ele se apossou da alma de certo homem, colocou-a em uma garrafa e depois, segurando a garrafa na mão e tampando-a com o polegar, ele esperou para ver o que o poderoso Buriat faria.

O homem cuja alma foi pega ficou doente e sua família foi procurar por Moyan-Kara. O xamã imediatamente reconheceu que a alma do homem havia sido roubada, e, montado em seu maravilhoso tambor, ele procurou nas florestas, nas águas, nos desfiladeiros das montanhas, em toda a terra, e depois desceu ao submundo. Não encontrando a alma em nenhum desses lugares, só havia um local onde procurar: o Paraíso Supremo. Então, sentado em seu tambor, ele levantou vôo e cruzou os céus por alguns instantes, antes de perceber que o radiante Deus Supremo estava sentado com uma garrafa em sua mão, tampando o gargalo com seu polegar. Estudando a situação, Moyan-Kara percebeu que dentro da garrafa estava exatamente a

> *alma que ele tinha ido resgatar. Então, ele se transformou em uma vespa, voou até o deus e deu-lhe tamanha ferroada na testa que seu polegar se contraiu e a alma escapou. O que Tengri viu a seguir foi o xamã, com a alma resgatada, novamente em seu tambor, voltando para a Terra. Ele pegou um raio, lançou-o e o tambor foi cortado ao meio, e é por esse motivo que os tambores xamânicos agora só têm um lado*[1].

Mircea Eliade descreve o resgate da alma entre os Sea Dyak, de Bornéu:

> *O xamã Sea Dyak é chamado manang. Cristais de quartzo, que são considerados "pedras de luz", além de outros objetos mágicos, são usados por este manang para ajudar a encontrar a alma de um paciente. O xamã usa uma sessão para curar as doenças decorrentes do vôo da alma. Essa sessão acontece à noite. Primeiro, o corpo do paciente é esfregado com pedras enquanto uma platéia canta sons monótonos e o xamã dança até a exaustão. Quando ele cai ao solo, uma manta é jogada sobre ele e começa a sua viagem em busca da alma perdida. A platéia aguarda. O manang procura a alma no submundo e quando a captura, levanta-se rapidamente, segurando parte dela em sua mão, recolocando-a no crânio do paciente*[2].

Em *Borderlines*, Charles Nicholl descreve a perda da alma e um resgate da alma dos dias atuais na Tailândia. Ele atravessava um rio, nadando até o Laos com uma mulher tailandesa chamada Katai quando foram arrastados pela correnteza. Foi uma experiência muito traumática para Katai. Mais tarde, ela falou a ele sobre o khwan hai – a perda do espírito. Explicou que "nós chamamos o espírito dentro de nós de 'khwan'. O 'khwan' é uma coisa que podemos perder diversas vezes em nossa vida. Quando estamos doentes ou sofremos um grande choque, dizemos: 'Khwan Khwaen', que significa que o khwan está flutuando acima de nós". Ela prossegue dizendo: "Você pode perder seu khwan em momentos de grandes mudanças em sua vida, quando casa ou tem um filho, ou quando morre alguém que você ama muito. O khwan é o que voa para longe de nós. Nós a chamamos de alma borboleta, ela voa com facilidade".

Katai achava que o rio havia tirado seu khwan, deixando-a triste e vazia. Ela acreditava que a morte de seu avô, pouco tempo antes, também causara problemas para seu khwan.

Ela disse a Charles Nicholl que precisava encontrar alguém para realizar o *bai se soo khwan*, uma cerimônia para chamar o khwan de volta. O especialista em cerimônias relacionadas ao khwan é o mau khwan. A cerimônia custava cerca de trinta dólares, e Charles Nicholl deu destaque a esse fato. A resposta dela foi: "Vale até o dobro disso. É como pagar por uma operação quando você está doente. Por mais que seja cara, precisa ser feita".

Infelizmente o mau khwan estava fora da cidade, mas Katai falou de um *prahm* – um homem de espírito. Ele era versado em diversas cerimônias.

Muitos itens foram preparados como oferendas, além da decoração para o *sao khwan*. Maços de flores foram embrulhados em folhas de bananeira, que foram polidas para ficarem brilhantes. As flores foram para o *pha khwan*, uma estrutura cônica em camadas, montada em um prato dourado e prateado, que é o suporte para as oferendas feitas para atrair o khwan de volta. Ao lado das flores havia duas galinhas cozidas, meia garrafa de uísque, doces de arroz, açúcar e doce de abóbora; folhas de bétele e noz de areca; velas de aniversário cor-de-rosa e diversas lembranças – um bracelete, um relógio de pulso e um copo para uísque. Essas oferendas impressionaram Charles Nicholl, que observou que "há algo muito encantador nessa caracterização do 'khwan' como uma criatura fugidia e infantil, atraída por bugigangas e docinhos".

A cerimônia prosseguiu com o homem cantando. Uma parte de seu canto falava aos trinta e dois mini-khwan, cada um deles parte do khwan, que vivem em diferentes partes do corpo. Ele falou aos espíritos do rio e mencionou a "Senhora Flor de Coco", uma espécie de ninfa dos bosques de quem Katai gostava. Então invocou o khwan de Katai. Suas palavras foram "Venha, oh, khwan. Não permita que o khwan da cabeça enfraqueça, nem qualquer dos trinta e dois mini-khwan do corpo da jovem. Você pode voltar em segurança. Fique satisfeito. Veja, preparamos um banquete para você. Trouxemos lindas roupas para usar, um espelho para se ver, mesmo que nós não possamos vê-lo". Ele prosseguiu falando de cada uma das oferendas. Isso levou cerca de quinze minutos. Katai estava ajoelhada com sua cabeça inclinada, tocando o *pha khwan* com a mão direita. O homem parou de cantar e todos os participantes permaneceram em silêncio por alguns minutos.

Então o homem fez um sinal e todos relaxaram. Durante o silêncio, o khwan de Katai havia retornado, atraído pelo canto do homem de espírito e pelas oferendas. O khwan de Katai veio para o *pha khwan*; ele ainda não estava em Katai.

E a cerimônia prosseguiu. As mãos de Katai estavam molhadas com a água das flores. Ela recebeu comida para estimular o khwan na última etapa de seu retorno. Algumas palavras usadas nesse momento foram "Venha, khwan, coma na mão dela. Deixe-a forte e ousada, liberte-a das doenças, deixe-a abrir a mão e receber o que deseja. Venha comer".

Finalmente, um "cordão da sorte" foi usado para selar o khwan que voltou para Katai. É um cordão que foi abençoado e amarrado em seu pulso. O cordão amarra a sorte, a saúde e felicidade, o que sela o khwan. Agora a cerimônia estava completa[3].

O CÍRCULO

Mãos
Que ouviam
O silêncio
E falavam
Com a escuridão
Apenas um sussurro, ou era, para o espectro perdido, água
Água sussurrando no solo.
A mesma coisa. Não.
Não se mova.
Nenhum ruído.

Mas uma centelha
Nos olhos fechados.
O sol queimando.
O céu se agitando
Em uma terra há muito esquecida.
Nenhum ruído
Apenas o bater do coração
Do mar enterrado
Dizendo: Ouça
Ouça. Alguém respira o nome perdido.
Então, claramente, no silêncio de musgo, canta
Querido coração
Venha para casa.

Diana Rowan

capítulo 6

comunidade

Entretanto, precisamos refletir sobre o que ocorre. É uma questão urgente, especialmente para quem ainda vive em uma comunidade terrena significativa, até espiritualizada. Nós não falamos. Nem vimos claramente o que está acontecendo. A questão vai muito além da economia, comércio, poesia ou do prazer de passar uma tarde olhando uma paisagem. Algo mais está acontecendo. Estamos perdendo formas esplêndidas e íntimas da presença divina. Estamos perdendo nós mesmos.

Thomas Berry, *O sonho da Terra*

Eu sugiro que cada pessoa que esteja lendo este livro comece a criar um tipo de grupo de apoio. É simples: encontre alguém com quem você possa compartilhar alguns dos conceitos abordados. Você não precisa explicar tudo, pegue apenas uma idéia que o intrigue e discuta. Este simples ato de compartilhar o tira da jornada solitária e o leva em direção ao processo de cura que vem da afetividade de outra pessoa.

Em tempos antigos, as pequenas comunidades eram o centro da vida humana. Essas sociedades tribais, atuando como um só organismo, estimulavam a interdependência de todos os membros. Com base no estudo do xamanismo, acredito que a saúde e a cura de cada membro da comunidade era responsabilidade de toda a comunidade. Cada indivíduo oferecia um enorme apoio no processo de cura emocional, espiritual e física.

Conforme o ser humano evoluiu e desenvolveu tecnologias mais sofisticadas, as comunidades deram lugar às cidades, com suas multidões, seu anonimato e sua indiferença. Nós passamos das sociedades tribais a uma cultura na qual as famílias tomaram o lugar da comunidade. À medida que a sociedade tornava-se mais móvel, os clãs familiares se dividiam em unidades menores e mais isoladas até chegarem à "família nuclear". E mais ainda, a família nuclear agora está se dissolvendo em membros individuais, que vivem separados.

Estou levantando essa questão porque a desintegração da comunidade em unidades ainda mais isoladas de interação humana tem um efeito dramático sobre a perda da alma. Eu acredito que o senso de comunidade tem uma importante influência sobre o trabalho de resgate da alma. Não apenas muitos de nós atualmente não contamos com nenhum apoio da comunidade, mas também o isolamento que sentimos já é, em si, uma importante causa de perda da alma.

Deixe-me explicar. Pesquisando como os xamãs lidavam tradicionalmente com os resgates de almas, descobri que um elemento crucial da cerimônia era a participação da comunidade. O livro *Shamanism*: archaic techniques of ecstasy, de Eliade, está repleto de relatos de xamãs de diferentes culturas chamando a alma de volta. Ele descreve rituais e cerimônias relativas à perda e resgate de almas na Ásia Central e do Norte, América do Sul e do Norte, sociedades indo-européias e Tibet, China e outras partes do extremo oriente. Algumas dessas simples cerimônias nos mostram o lugar integral da comunidade e a importância de ter alguém "esperando" pela volta da alma do paciente.

Na Ásia Central, por exemplo, Eliade descreve como o xamã teleuta "chama de volta a alma de crianças doentes com essas palavras: 'Volte para o seu país, para a iurta, para perto do fogo! Volte para seu pai... para sua mãe'".

Um ritual mais elaborado é realizado pelo xamã Buryat da Ásia Central, que senta-se em um tapete ao lado do paciente. O xamã fica rodeado de objetos. Por exemplo, uma flecha é amarrada com uma linha de seda vermelha, que se estende da ponta, através da porta aberta da iurta, até uma bétula do lado de fora. A alma do paciente pode voltar por esta linha.

Os Buryat também acreditam que um cavalo é capaz de perceber a passagem da alma; ele vai se agitar, conforme a alma volta. O cavalo é deixado ao lado da bétula em que a linha de seda está amarrada, e alguém segura o cavalo. Dentro da iurta, uma mesa está preparada com bolos, comidas, conhaque e tabaco. A idade do paciente determina quem será convidado para a sessão. Crianças são convidadas se a sessão for para uma criança; adultos para a sessão de um adulto, e pessoas mais velhas, se o paciente for idoso. O xamã Buryat procura a alma do paciente. Mas antes da busca, começa com uma invocação. "Seu pai é A, sua mãe é B, seu nome é C. Por que você demora, para onde você foi? Estão tristes os que estão na iurta." As pessoas presentes começam a chorar, e o xamã fala do pesar e da tristeza. "Sua mulher e seus queridos filhos, órfãos tão de repente, chamam-no desesperados chorando e gemendo, e gritam: 'Pai, onde você está?' .Ouça e tenha piedade deles, volte para eles... Seus muitos cavalos anseiam por sua presença, relinchando alto e chorando miseravelmente, 'Onde está nosso mestre? Volte para nós'"[1].

QUEM ESTÁ À ESPERA?

Nos relatos de Eliade, percebemos duas coisas: primeiro, que era necessário um xamã para interceder junto ao mundo espiritual para a cura do cliente; e segundo, quer fosse o pai, a mãe, as pessoas na iurta ou a comunidade em geral, alguém estava esperando pelo retorno da alma. Isso tem relação com o que eu encontrei em meu próprio trabalho. Quando encontrei com Carol, um ano após nossa sessão, eu perguntei qual foi para ela o aspecto mais importante do resgate da alma. Ela respondeu que a parte mais profunda da experiência foi que alguém se importava tanto com ela a ponto de procurar e resgatar sua alma perdida. A questão do sistema de suporte do cliente é muito importante no processo de cura. Eu acredito que as tentativas de resgatar a alma para si mesmo podem não funcionar por não haver comunidade para dar as boas-vindas à alma.

Aqui surge uma controvérsia, porque uma boa parte do foco das terapias alternativas é voltada na direção da auto-cura. Para mim fica claro que o resgate da alma não é uma técnica de auto-ajuda. Como no xamanismo clássico, é importante que uma pessoa, o xamã, intervenha nos domínios espirituais em nome do cliente. E o que eu descobri em meu trabalho é o grande poder decorrente do fato de outra pessoa testemunhar o retorno da alma e dar-lhe as boas-vindas. Naturalmente, há exceções. Algumas vezes recebi cartas de pessoas me contando sobre resgates espontâneos e miraculosos da alma, que ocorreram em suas próprias jornadas xamânicas. Há também precedentes no xamanismo clássico, onde existem narrativas de curas miraculosas, mas que não devem ser consideradas regra.

Não digo que a auto-cura não exista. É claro que existe, em alguns casos. No entanto, é necessário um equilíbrio. Ensino pessoas a realizarem jornadas para curarem a si mesmas e progredir na vida. Mas em diversos casos, dos quais o resgate da alma é apenas um exemplo, precisamos invocar o papel tradicional do xamã para oferecer o que os clientes não podem oferecer a eles mesmos. A tarefa do cliente tem início depois do resgate da alma, que é onde o trabalho realmente começa.

Os problemas que enfrentamos na sociedade atual – injustiças sociais, crimes, problemas ambientais – exigem que abandonemos nossa vida de isolamento e nos reunamos, atuando de forma comunitária para encontrar soluções que vão além do âmbito dos problemas. Sem descartar o conceito de auto-cura, precisamos reconhecer a necessidade de um processo de cura, de poder e amor, que envolva o apoio dos outros.

Estou tão convencida da importância da comunidade para o sucesso do trabalho de resgate da alma, que em minha primeira entrevista com o cliente, solicito informações sobre o sistema de apoio dele. Eu quero saber se existe alguém na sua vida que se importe verdadeiramente, se ele volta para casa. Essa pessoa pode ser um terapeuta, um namorado, um amigo ou alguém da família. Diversos alunos meus que usam esse processo no exercício da profissão, pedem que o cliente traga um amigo. Assim, o amigo não apenas aumenta o poder da cerimônia, mas também participa da celebração, uma vez encerrado o processo.

ESTRESSES DA VIDA MODERNA

Mas o que acontece quando o sistema comunitário fracassa? Recentemente, o Ministério da Saúde dos Estados Unidos divulgou uma estatística preocupante: ocorrem abusos emocionais e/ou físicos em uma de cada quatro famílias. Pode-se afirmar com segurança que as crianças dessas famílias certamente ficarão traumatizadas. Isso significa que as crianças de 25% das famílias norte-americanas enfrentam a possibilidade de perder a alma – a perda da essência e vitalidade – devido à vida diária familiar. Terá a evolução das sociedades comunitárias e tribais para as famílias nucleares representado pressão demais sobre nós, como adultos, para tolerar e suportar as exigências da paternidade, especialmente diante do estresse crescente da vida na sociedade contemporânea?

Assim como a perda da alma pode ocorrer dentro da família, também pode acontecer quando a unidade familiar se dissolve, pela separação ou pelo divórcio. As crianças podem ficar arrasadas pela desintegração de sua segurança e sua comunidade – sua família. A perda da alma resultante do sentimento de abandono da criança pode ser bastante dramática.

John me procurou para fazer um resgate da alma. Ele se queixava da incapacidade de levar adiante os relacionamentos e lutava constantemente com questões de confiança e intimidade.

> *Eu inicio minha jornada e encontro meu animal de poder. Minha intenção é ver se consigo encontrar as partes perdidas de John que possam ajudá-lo a lidar com seus problemas. Meu animal de poder me leva para uma casa no Mundo Intermediário. Na sala de estar colorida, olho ao redor. Há um sofá de* gobelin *e duas cadeiras em estilo vitoriano. Minha atenção é atraída por gritos que vêm do extremo oposto da sala. Na base da escada, está o pai de John, gritando com sua mãe, dizendo que vai embora de casa. No chão*

da sala está John, com quatro anos, parecendo em pânico. Seu pai bate a porta da frente; sua mãe bate a porta do andar superior; e a alma de John foge aterrorizada com a experiência. Com a partida do pai, a vida familiar normal de John se despedaça, e o abandono que ele sente é demais para suportar.

Eu falo com a parte da alma de John, garantindo que John está à sua espera na realidade comum e que vai cuidar dele. O menino de quatro anos percebe que ele é a parte de John que sabe como confiar, e concorda em voltar para a casa.

Estar em comunidade não apenas diminui a pressão sobre a criação das crianças, mas também sobre os relacionamentos. Muitas vezes depositamos todas as nossas necessidades em nosso parceiro, o que é irreal. Ninguém pode preencher todas as nossas necessidades. Ter amigos ou uma grande família que se importe profundamente conosco pode ajudar a solucionar esse problema.

RITOS DE PASSAGEM

Além de oferecer um local seguro para as crianças, as comunidades também celebram importantes ritos de passagem e rituais para todos os seus membros. Muitas dessas funções se perderam na sociedade moderna, e sua ausência pode contribuir para a perda da alma em alguns indivíduos.

Carl Jung afirma que "por milhares de anos os ritos de iniciação ensinaram o renascimento do espírito, mas o homem esqueceu-se do significado da divina procriação iniciática em nossa época. Esse esquecimento faz com que ele sofra uma perda da alma, atualmente, uma situação tristemente presente em todo lugar". O psicoterapeuta Robert Francis Johnson prossegue, dizendo: "Essa perda da alma de que Jung fala manifesta-se em nossa cultura como as crises que todos estamos presenciando (aumento do uso de drogas, violência, indiferença moral e emocional) e nossa tentativa de solucionar questões morais e espirituais por meio da eleição de líderes feridos que prometem respostas econômicas"[2].

O ritual do nascimento, por exemplo, mudou drasticamente. Nas sociedades antigas, a mulher era cercada e apoiada por amigas e parentes durante o trabalho de parto. Esse hábito foi substituído pelo isolamento da moderna tecnologia hospitalar. Uma prática em especial, a de anestesiar a mãe para aliviar sua dor, teve repercussões sobre seus filhos. Em minhas jornadas eu percebi que crianças cujas mães foram drogadas durante o trabalho de parto muitas vezes vêm ao mundo desorientadas. Em meu trabalho com um homem, eu vi que sua alma flutuou como um balão no momento de seu nascimento. Ao longo de sua vida, ele experimentou uma debilitante sensação de desorientação.

Muitas mulheres têm escolhido dar à luz de forma mais natural. Novamente a sacralidade de trazer a vida a esta Terra é reafirmada. Quando esses nascimentos ocorrem em casa ou pelo menos em uma sala de parto, as almas que nascem podem ser recepcionadas com calor e comemoração por uma comunidade que está à sua espera. Que diferença da impessoalidade do nascimento em uma eficiente, mas fria sala de hospital!

A perda da alma também ocorre com freqüência em garotas no início da puberdade. Nossa sociedade não conservou os ritos de passagem comuns a outras culturas. Uma grande porcentagem de mulheres perdeu um pedaço de sua essência na chegada da menstruação. Elas ficaram confusas e oprimidas pelas mudanças psicológicas naturais e não conseguiam compreender a transição de garota para mulher sensual, capaz de gerar a vida. Assustadas, uma parte da essência se destacou e foi embora. Esse medo e essa confusão podem ser amplificados se a mulher sofreu algum tipo de abuso sexual quando criança. Sempre que a perda da alma ocorre na menarca, vemos uma mulher que não consegue assumir seu poder feminino. Ela pode optar por inibir sua sexualidade, talvez porque os sentimentos são massacrantes demais, ou porque ela teme os homens. Ou ela pode se tornar anoréxica ou bulímica, porque o corpo de uma mulher madura parece ameaçador para ela. Como quer que ela reaja, ela se separa de sua própria natureza de deusa, e essa fragmentação freqüentemente leva à depressão ou à irritação.

Em meu trabalho com homens, vi muitas perdas de almas que ocorreram na adolescência. A pressão social decorrente da passagem de menino para macho social pode ser insuportável. Muitas vezes vejo isso se manifestar na confusão sobre como agir socialmente em relação às garotas que estão se tornando mulheres. Muitas vezes é durante essa época, de se aproximar desajeitadamente das mulheres e de lidar com o namoro, que a alma vai embora.

Eu vi que os efeitos da guerra sobre homens jovens levam à perda de suas almas. O ato de tirar vidas, o temor por sua própria vida, a dor intensa – tudo é mais do que suficiente para fazer com que uma parte da alma vá embora à procura de lugares mais reconfortantes.

Os veteranos do Vietnã são um caso típico. Ao contrário dos sobreviventes de outras guerras, eles não encontraram nenhuma comunidade esperando para lhes dar as boas-vindas, uma realidade que ainda dói para muitos, e que contribuiu para uma perda ainda maior da alma. Na verdade, esses indivíduos traumatizados constituem um dos mais trágicos exemplos de perda da alma que vemos atualmente. O benefício potencial do resgate da alma entre veteranos do Vietnã é elevado, desde que exista uma comunidade de apoio que os ajude a integrar suas partes perdidas.

Muitas pessoas em nossa sociedade voltaram-se para a religião instituída como substituta da comunidade de tribos e clãs. Deve ser reconfortante entrar em um local sagrado e rezar com um grupo de pessoas. Em igrejas e templos, aulas para crianças e grupos sociais estimulam um sentimento de participação entre seus membros. Talvez tenha chegado a hora de ir além deste modelo – ir além da comunidade que se reúne uma vez por semana para nos ajudar a lidar com nossos pecados. Se vamos realmente habitar a Terra, acredito que nossas comunidades atuais, sejam elas religiosas, políticas ou sociais, precisam continuar a reforçar a celebração e a sacralidade da vida. Quanta coisa estamos perdendo! Estamos tão aprisionados pela necessidade de sobreviver e nos redimir do pecado que esquecemos da celebração; a celebração da vida que ocorre quando nos reunimos numa parceria para dividir habilidades e conhecimentos, e criar verdadeiramente uma forma de viver que honre a vida e a natureza; tudo isso nos ajudaria a escapar de um mundo de doenças e problemas e alcançar o equilíbrio.

Meu desejo é apoiar e honrar a beleza da vida e trabalhar com outras pessoas – para celebrar os "altos" e enfrentar o desafio dos "baixos" de uma maneira verdadeiramente solidária. Eu peço que cada um de vocês abra sua imaginação para se ver vivendo em uma sociedade verdadeiramente acolhedora. Observe-a em todos os seus detalhes; dê a ela uma história; sinta-a, ouça-a, cheire-a, torne-se ela.

USO DO CÍRCULO

Em um *workshop* eu concordei em fazer um resgate de alma para um homem por quem eu tinha grande simpatia. Eu soube que, no país onde morava, ele tinha pouco apoio para o que fazia. O trabalho espiritual era imediatamente classificado por sua comunidade como feitiçaria, e ele sabia que sua vida corria perigo.

O foco do *workshop* era o treinamento no resgate da alma; havia trinta e oito participantes. No começo do dia enquanto tocávamos tambor e chocalhos em grupo, eu ouvi a voz de um de meus mestres, a Deusa Innana, sussurrar para mim "tenha cuidado". Estremeci. Innana não costuma se interessar pelo meu trabalho de resgate da alma, e sua presença me pareceu um sério presságio.

Mais tarde, comecei meu trabalho com Ailo. Eu queria muito ajudar meu amigo, mandá-lo para casa se sentindo inteiro e energizado para enfrentar seus desafios. Eu senti uma grande pressão e tive momentos de ansiedade com relação ao meu desempenho. Logo, trinta e oito pessoas estariam observando meu trabalho. Eu também tive medo por causa do aviso que recebi naquela manhã.

Pedi que todos formassem um círculo e dessem as mãos. "Respirem profunda e lentamente, elevando sua energia, assim como a energia de todo o círculo. Lembrem-se da ligação que temos com a vida. Lembrem-se de nossa ligação com os outros círculos da natureza – a lua, o sol, a terra, o tambor." Senti a força vital passando através de mim, vinda da pessoa à minha direita, e passando para a pessoa à minha esquerda.

Senti meu sangue pulsando em cada veia e uma enorme quantidade de calor subindo pelo corpo, pelo meu plexo solar e meus braços, até atingir meu rosto. Senti-me muito grande. Eu estava me alimentando da força do círculo e ao mesmo tempo devolvendo-a.

Então comecei a falar para todos na sala, participantes do círculo e espíritos.

– Ailo pediu ajuda para voltar para casa. Mãe, por favor, ajude-me a trazer seu filho de volta, onde ele poderá assumir seu lugar de direito na Terra, para desfrutar de todos os prazeres de estar vivo.

Para Ailo eu disse:

– Ailo, este círculo é para você. Ansiosamente, cada pessoa daqui está esperando por você, esperando que você volte para casa.

Assim, pedi que Ailo saísse do círculo comigo e entrasse no meio. Ele deitou-se em meu tapete. Havia uma vela acesa perto de sua cabeça, a única luz na sala. Eu ajoelhei ao seu lado, peguei meu chocalho e comecei a cantar minha canção. Havia muito mais energia fluindo através do meu corpo do que quando eu trabalho sozinha. Eu tinha consciência da energia do círculo a me apoiar. A força me sobrepujava. Eu me sentia tão grande! Eu também me sentia muito iluminada. Eu sabia que era hora de começar. Não sabia mais quem eu era; havia sido sobrepujada pela força que passava através de mim. Eu deitei ao lado de Ailo me encostando nele. Era o sinal para que o tambor aumentasse e tocasse uma batida moderadamente rápida e constante.

Repetindo minha intenção, fui atraída cada vez mais para baixo, no Mundo Inferior. A escuridão me rodeava e eu não conseguia enxergar. Por que eu não consigo enxergar? Alguém está tentando me impedir de ver. Eu sei que estou sendo observada. Eu grito para o Universo pedindo ajuda. Meu animal de poder aparece. Ele raramente leva as situações a sério e tem um maravilhoso senso de humor. Ele me olha e pergunta:

– Por que você está tão agitada?

Eu respondo:

– Não consigo enxergar.

Ele pega uma lanterna no bolso e a acende. Ele a passa para mim, e eu pego-a. Estou em um lugar muito escuro, mas com a luz da lanterna começo a enxergar a silhueta de uma caixa. Percebo uma presença muito imponente comigo, e então Innana aparece. Isso é raro, porque ela nunca aparece em minhas jornadas para outras pessoas. Ela me acompanha até a grande caixa de aço. No escuro, eu sei que a poderosa presença não se compara ao poder de Innana como minha guardiã. Eu me sinto segura. Também tenho consciência do poder do círculo ao meu redor.

Eu abro a caixa e lá está a alma de Ailo. Com a tampa levantada, Ailo pôde ficar de pé e sair, parecendo bastante confuso. Sua alma havia sido roubada por alguém que estava enciumado com seu poder e que não queria que ele tivesse sucesso em seu trabalho.

Com todo o poder dos espíritos auxiliares e do círculo, eu sinto a presença sombria desaparecer. A sala do Mundo Inferior em que estou clareia lentamente. Embora a

luz seja fraca, eu posso ver melhor. A sala é quadrada e o teto e as paredes são de terra marrom comprimida. Innana fala:
– Diga a Ailo que desde que ele continue a fazer um trabalho que estimule e apóie a vida na Terra e todas as crianças, ele não tem nada a temer.
Eu repito essas palavras para Ailo e pergunto se ele me entende. Ele diz que sim. Eu pergunto se ele quer voltar comigo e ele responde novamente que sim. Innana desaparece. Eu pergunto ao meu animal de poder se há mais partes de Ailo. Ele diz que sim.
Nós três somos atraídos ao Mundo Intermediário para outro tempo e lugar, quando Ailo tem quatro ou cinco anos de idade. Ele usa luvas e um boné de lã vermelho e branco e está na neve. Uma mulher está curvada, gritando alguma coisa pra ele. Ailo se sente desanimado e abandonado. Meu animal de poder diz que é uma constante na vida de Ailo sentir-se isolado e achar que ele não se ajusta. Ele busca uma família. Eu pergunto a Ailo se ele quer vir conosco. Ele vai para o colo do Ailo adulto.
Nossa missão nos leva até as estrelas em busca de mais uma parte de Ailo, com vinte e oito anos de idade. Ele me diz que foi embora por causa de uma desilusão amorosa. Ele também concorda em voltar

conosco. As três almas se abraçam e nós todos nos juntamos.

Puxando com força as almas da realidade incomum para a realidade comum, eu rapidamente as sopro para dentro do corpo do meu cliente. Eu toco o chocalho ao redor de Ailo para selar as almas e dar-lhes as boas-vindas. Ouvimos vozes que vêm da comunidade dizendo:

– Bem-vindo, Ailo!

Eu descrevo minha jornada para ele e para a comunidade. Ailo nos explica as coincidências e acrescenta os detalhes da história de cada alma.

Ele me pergunta se pode fazer uma dança de agradecimento. Sua dança se torna cada vez mais extática até que ele cai ao chão. Eu coloco a mão em seu ombro e ele diz:

– Estou em casa.

Para mim, como praticante do xamanismo, o poder que veio do círculo foi de grande ajuda para meu trabalho. Para Ailo, a comunidade ofereceu a família que ele esperava. Foi uma experiência bastante comovente. Eu gostaria de ter um círculo desses em minhas sessões de resgate da alma, mas também há outras maneiras de se unir a outros e oferecer apoio. Todos nós temos amigos com os quais podemos partilhar nossas experiências; quando um cliente traz um amigo para o resgate da alma, temos uma comunidade instantânea.

Eu me torno parte da comunidade do cliente durante o resgate e depois dele. Um terapeuta ou um fisioterapeuta ou algum outro profissional de saúde também pode estar presente como apoio. Nossa tarefa agora é formar comunidades intencionais. Todos nós precisamos de pessoas com quem nos unirmos para partilhar nossas alegrias e tristezas e nos ajudar a sentir que não estamos sós e não seremos abandonados. Minha experiência é de que as pessoas que tiveram a alma resgatada descobrem que há diversas pessoas em sua vida com quem elas podem comemorar seu retorno.

No capítulo cinco eu narrei a história de Katai e do resgate de sua alma. Posteriormente, Charles Nicholl foi visitar Katai e eles falaram sobre a cerimônia. Katai disse:

– Você estava presente quando eu recebi meu espírito de volta. Você me ajudou a recuperá-lo.

Charles disse:

– Eu não fiz nada.

Katai respondeu:

– Você estava lá, Charles. Estar presente foi o bastante"[3].

Em um círculo de amigos

O círculo está cantando
O círculo está começando
A xamã está viajando
A xamã está se elevando.

Ela trouxe minha alma
De volta de bem longe
Com energia para mim,
Conhecimento para mim.

Um ladrão de almas desmascarado.

Círculo, eu canto para você
wSol, eu danço para você
Alma, eu rio e choro
Para dar-lhe as boas-vindas

Ailo Gaup

capítulo 7

quando as almas foram roubadas

Um mito Taulipang descreve a busca pela alma de uma criança que a lua levou embora e escondeu embaixo de uma panela; o xamã vai até a lua e, depois de muitas aventuras, encontra a panela e liberta a alma da criança.

Mircea Eliade, *Shamanism:* archaic techniques of ecstasy

Um sério fenômeno que eu vejo ao procurar por almas é que às vezes a alma foi realmente roubada por outra pessoa. Muitas vezes, ouço sobreviventes de incesto que nada sabem sobre xamanismo dizerem "meu pai roubou a minha alma" ou "meu tio roubou a minha alma". Da mesma forma, algumas pessoas que viveram relacionamentos abusivos muitas vezes dizem "meu namorado roubou a minha alma".

Por falta de uma palavra melhor eu uso a palavra *ladrão* para designar uma pessoa que rouba uma alma. Mas eu a uso sem julgamento ou acusação. O roubo da alma muitas vezes decorre da ignorância, mais do que de uma intenção de ferir. Para muitos de nós, o roubo da alma é um conceito difícil de assimilar. Por que alguém cometeria tamanha atrocidade? Como é possível explicar isso? E como podemos assumir uma posição de compaixão com relação ao roubo de uma alma?

Na maioria dos casos de roubo da alma, o ladrão também teve sua alma roubada. Por meio da psicologia contemporânea, descobrimos que as pessoas que abusam, em geral também foram abusadas. Da mesma forma, o roubo da alma é hereditário; portanto, fazer um resgate da alma para uma pessoa cuja alma foi roubada, pode interromper o carma familiar. Trazer de volta a alma e informar o cliente sobre o conceito de roubo e perda da alma evita que esse comportamento seja repassado a futuras gerações.

Mas por que roubar a alma de outro? Uma das razões é o poder. O ladrão pode invejar o poder da pessoa e o querer para uso pessoal. Isso o coloca em uma posição de poder sobre a vítima. É triste, mas muito comum, que uma pessoa que se sente impotente, lide com esse sentimento passando para uma posição em que se sente mais poderosa. Por exemplo, se um pai se sente impotente por ser incapaz de ser completo em sua vida, ele pode ser impelido a roubar a alma de seu filho jovem e indefeso estuprando, batendo na criança ou em sua mulher. Dessa maneira ele está dizendo: "Eu sou mais poderoso do que você". E mesmo assim ele está criando um falso sentido de *self*.

Em nossa sociedade, a palavra *poder* é mal compreendida pela maioria de nós como *poder sobre* outra pessoa. As duas palavras parecem andar juntas. Como as pessoas em geral não têm o conceito do que é poder pessoal, a maioria de meus clientes, especialmente as mulheres, não compreendem como evitar que seu poder pessoal seja dado a outra pessoa. Essa falta de compreensão do poder caminha lado a lado com o roubo da alma. Um indivíduo que esteja disposto a dar seu poder pessoal a outro, torna-se vulnerável ao roubo da alma. As crianças, que em geral não sabem como se proteger fisicamente, são especialmente suscetíveis a ter suas almas roubadas.

Outra razão para o roubo da alma é a crença errônea de que a essência, a vitalidade e o poder de uma pessoa podem ser usados por uma outra. Por exemplo, eu trabalhei com uma mulher cuja alma havia sido roubada aos três meses de idade por sua mãe. Sua mãe via tanta luz e energia no bebê, que achava que se tivesse apenas uma parte daquela criança, seria capaz de recuperar sua própria vitalidade. Vejo muitas vezes que clientes que tiveram parte de sua alma roubada em tenra idade, tendem a ser doentes crônicos quando crianças. Eles perdem parte de sua vitalidade e por esse motivo não têm o poder e o desejo de lutar contra as doenças. Depois do resgate da alma, não é raro que o cliente desfie uma longa lista de doenças da infância.

A mesma cena se repete em minhas jornadas. Para se proteger durante a batalha psíquica com um dos pais, a criança se submete a sua vontade. O que eu vejo é uma criança que desistiu – abatida, retraída e desanimada. Os efeitos do roubo da alma em tenra idade manifestam-se de forma similar nos clientes adultos. Muitas vezes, por meio dessas experiências de vida, elas se tornam muito protetoras em relação à sua energia e vitalidade e parecem muito "contidas". É quase como se elas tivessem a necessidade de ocultar sua "luz" ou vitalidade de forma que ninguém tentasse pegá-las novamente. Eu também notei que uma reclamação comum entre os clientes é a falta de esperança e o desejo em sua vida.

A crença de que podemos usar a luz, o poder, a energia ou essência de uma outra pessoa para nosso próprio proveito é incorreta. Com certeza, você pode refletir a luz e o poder de um indivíduo, mas não pode usá-los como fonte de sua própria energia. Cada um de nós deve buscar nossa fonte de energia em nosso próprio interior.

A RECUPERAÇÃO DA LUZ DE ANGELA

Quando Angela veio me procurar para fazer um resgate da alma ela queixava-se que se sentia sempre retraída. Ela não se achava capaz de tomar posição no mundo ou ficar em evidência, mostrando seus talentos. Ela também sentia necessidade de trabalhar sensações de abandono. Sua história revelou que aos quatro anos de idade ela foi hospitalizada com pneumonia. A partir do que conhecia da psicologia, Angela suspeitava que carregava sentimentos de abandono desde aquela época. Ela assumiu que devia ter sido abandonada e marcada pela separação de seus pais.

Eu inicio minha jornada indo para o Mundo Inferior através do tronco de uma árvore, pelo túnel, saindo no bosque de pinheiros onde mora meu animal de poder. Eu falo com ele sobre Angela e pergunto se ele tem alguma informação sobre ela ou algo que possa ajudá-la.
Nós viajamos juntos pelo tempo e espaço para o Mundo Intermediário. Uma casa branca com uma cerca branca aparece diante de nós. Abrimos o portão e passamos pela porta da frente, andando pela sala, que está atulhada de coisas. Conforme caminhamos, sinto cheiro de alguma coisa doce no forno. É uma tarde agradável e ensolarada e entra bastante luz pelas janelas.
Eu sigo o cheiro até a cozinha, com meu animal de poder ao lado. De um ponto de vista comum, a cena poderia representar uma ligação feliz entre mãe e filha. Lá está Angela, com três ou quatro anos de idade, com seus cachos loiros, de vestido verde, brincando com seu ursinho de pelúcia. Mas para um olhar atento, uma batalha psíquica estava em andamento. A mãe de Angela, esgotada pela rotina de cozinhar, limpar e cuidar das crianças, está cansada e desanimada. Angela, ao contrário, tem

uma enorme força e energia vital, e uma forte vontade.

Angela resiste bravamente à tentativa de sua mãe de fazer uma conexão para usar um pouco da sua energia para si mesma. Ela ama a mãe, mas inconscientemente sabe que ela quer sua vida ou sua luz. Ela luta com a mãe, mas finalmente não resiste. O desejo psíquico do adulto é demais para uma criança suportar.

Angela desaba psiquicamente e deixa a alma para sua mãe. Mais uma vez, para o observador comum, todas as coisas na cozinha parecem iguais. Para quem vê o que está oculto, Angela está diferente: sua essência foi tirada dela. Logo depois deste acontecimento, Angela fica doente, com pneumonia, e luta pela vida no hospital.

Eu fico na cozinha observando o que aconteceu. Eu vou até a mãe de Angela. Ela é uma boa mulher, parece uma típica mãe. Ela realmente ama a filha. Não tem ciúme dela como às vezes eu vejo nos pais; ela apenas está esgotada, cansada da vida.

Eu digo para ela:

– Angela precisa de sua alma de volta.

Ela olha para mim espantada; foi descoberta.

Eu continuo falando:

– Angela não pode ter uma vida saudável e produtiva enquanto você estiver com a alma dela. Se você realmente a ama, por favor, devolva-a.

Ela começa a chorar e limpa as lágrimas com o avental manchado.
– Eu sinto muito. É claro que você pode pegá-la de volta.
Ela me dá a alma de Angela e, em troca, eu lhe dou uma linda bola de ouro que imediatamente a ilumina. A essência da luz é trocada pela essência da luz.

Eu volto à realidade comum com a alma de Angela e a sopro para dentro dela. Depois de dar-lhe as boas-vindas, falamos sobre a experiência. O que eu vi nas minhas jornadas foi, como depois de perder sua alma, aos três anos de idade, ela se tornou introvertida e autoprotetora para que ninguém mais pudesse roubar qualquer luz que lhe restasse. E assim ela associou a exibição de si mesma, de seus talentos, sua luz para o mundo, com alguém que deseja tirá-los dela. Eu expliquei a Angela que agora ela tinha idade suficiente para se proteger, sem ter de esconder quem ela era; ela podia ser quem quisesse. Se ela sentisse que estava sendo drenada na presença de outra pessoa, ela poderia simplesmente visualizar a si mesma rodeada por uma luz branca ou poderia "colocar-se" dentro de um ovo azul que a protegeria. (Essa última é uma técnica que me foi ensinada por uma curandeira Chumash que eu conheci em uma reunião na região da Baía de São Francisco muitos anos atrás. Um grupo estava discutindo diferentes métodos para se proteger da energia de outras pessoas, daí a curandeira nos contou que ela se imaginava dentro de um ovo azul. Eu tentei usar esse método e, durante anos, ele me serviu bem quando eu sentia alguma energia exterior tentando entrar em meu campo.)

Outra forma como Angela poderia se proteger e conservar sua energia e luz, seria chamar seu próprio animal de poder para perto dela. Ela decidiu aprender como fazer a jornada sozinha. Depois de deixar seu túnel no Mundo Inferior, ela encontrou um grande urso branco que disse que ficaria com ela. O urso a encorajou a ser ela mesma, abrir-se e deixar sua luz e seu poder transparecerem. Agora ela tem todas as ferramentas necessárias para fazer isso de maneira segura.

Angela sentiu que era hora de cuidar dessa parte de si mesma de quatro anos de idade, para que soubesse que não seria abandonada de novo e que poderia ser ela mesma. Como se sentia leve e expansiva, começou a chorar, lembrando-se do sofrimento que havia sentido durante tantos anos para se proteger. A partir daí, pôde respirar mais profundamente em seu corpo sem se restringir a um espaço de medo; isso a fez sentir-se livre e ao mesmo tempo um pouco oprimida.

Na noite seguinte ao resgate da alma de Angela, ela me ligou, sentindo-se perturbada. Ela disse que os sentimentos que estava experimentando não lhe pareciam confortáveis. Havia energia demais em seu corpo. Eu perguntei se ela se sentia dolorida, e ela disse que era exatamente o que sentia. Eu lhe expliquei que era uma sensação comum. Durante anos, por causa do medo, ela se manteve contraída e não permitiu que a energia passasse através de seu corpo. Para se proteger, ela bloqueou seus sentimentos, o que a isolou de toda força vital.

Naquele momento ela estava aberta e a força vital pulsava através dela. Ela se sentia moída, como se seu sistema nervoso estivesse em chamas. Eu disse que isso era um bom sinal e lhe expliquei o método comprovado que eu uso comigo mesma e com outros para lidar com esses sentimentos. Descobri esse método comigo mesma, quando sentia energia demais passando pelo meu corpo. Disse a ela que repetisse para si mesma as seguintes palavras: "Eu peço para entrar em contato com minha consciência superior. Eu peço que a consciência superior deixe fluir apenas a energia que meu corpo pode suportar neste momento". Para Angela, essa técnica funcionou em poucos minutos.

Dependendo do quanto estamos bloqueados, às vezes precisamos controlar a quantidade de energia e informações. A constituição da pessoa, que muitas vezes depende da dieta e do exercício físico, determina a quantidade de energia que ela pode suportar. Angela permitiu que a sensação de estar viva pulsasse através de seu corpo um pouco mais a cada semana. Ela não estava mais assoberbada pelas sensações e aprendeu a controlá-las. Assim, adquiriu habilidade para desfrutar o puro poder da Terra.

ROUBO E PERDA DA ALMA

De que outras formas a alma pode ser roubada? Em um divórcio ou no rompimento de uma relação que não é de comum acordo, a parte que sofre com a perda pode tentar se manter ligada, pegando uma parte da alma do ex-parceiro. Mas o resultado disso para a outra pessoa é que sua força vital é drenada, restando uma sensação de "energia roubada", que interfere na capacidade de criar novas situações produtivas em sua vida. Ainda há uma ligação conectada ao ex-parceiro e uma falta de liberdade para criar uma nova opção, para ambos os envolvidos.

Quando uma pessoa morre, pode se sentir solitário, por deixar para trás uma pessoa amada. Novamente, é possível que o falecido leve junto a essência da pessoa viva. O efeito desse tipo de perda da alma é o mesmo que o do roubo da alma por um ex-parceiro: cansaço e instabilidade para criar novos relacionamentos amorosos. Em alguns casos, a vítima pode ficar gravemente doente numa tentativa de se juntar ao falecido. O problema é que ao manter uma ligação com a pessoa viva, o falecido é incapaz de prosseguir a jornada para a luz. As duas almas permanecem em uma espécie de limbo.

David veio me procurar em péssimas condições físicas. Ele tinha o vírus de Epstein-Barr (herpes), além de uma série de outras infecções. Ao falar sobre si mesmo, ele contou que, pouco antes de ficar doente, sua namorada Suzanne havia cometido suicídio.

Eu fiz uma jornada diagnóstica para ver o que o ajudaria naquele momento. Mais uma vez eu viajei ao Mundo Inferior e encontrei meu animal de poder, informando-o sobre o objetivo da minha jornada. Meu animal me disse claramente que a alma de David havia sido roubada por sua namorada. Eu voltei de minha jornada e fiz os preparativos usuais para fazer um resgate da alma, aprontando David e a mim mesmo.

> *Quando os tambores começam a bater, eu afirmo claramente que estou procurando todas as partes de David que possam ajudá-lo a ter seu tempo de volta. Essa intenção me atrai à realidade incomum, para o Mundo Intermediário. Eu me vejo em uma mata similar a uma mata oriental. Estou rodeada de carvalhos desfolhados. O chão está coberto de folhas, algumas ainda com a cor do outono – vermelho, laranja e amarelo, outras marrons – e meus pés as esmagam, emitindo estalidos enquanto caminho. Minha chegada não é discreta por causa do ruído que faço. O ar é muito limpo e claro, e eu inspiro profundamente. Olho para cima, e embora haja nuvens no céu, está muito azul por trás. Eu adoro o outono e começo a me perder na beleza do ambiente.*

Repito minha intenção para me concentrar. Conforme ando, chego a uma árvore e no tronco encontro David amarrado com uma corda. Ele está em péssimo estado e abatido espiritualmente. Sua cabeça pende e sua alma não mostra vitalidade. Eu não gosto do que vejo e sinto uma sensação de perigo no fundo do plexo solar. Eu grito na realidade incomum para meu animal de poder vir me ajudar. Assim que o chamo, ele aparece. Bem em tempo! De repente, uma mulher surge detrás da árvore em que estava escondida e salta sobre mim com suas unhas assustadoras voltadas para o meu rosto. Meu animal de poder entra na minha frente, criando ao redor de nós um campo de força que ela não consegue atravessar. Ela se lança repetidamente contra o campo de força com raiva, mas é empurrada para trás sobre as folhas. Por fim, quando está exausta, saímos com cuidado do campo de força e nos aproximamos dela. Ela explode em lágrimas e começa a soluçar. É Suzanne.

– Você sabe que está morta? – eu pergunto.

Ela diz que sim. Então eu digo:

– Posso ajudá-la a ir para um lugar melhor se você quiser vir comigo. Mas você deve libertar a alma de David, ou não vai conseguir seguir adiante.

– Nunca – ela insiste.

Isso não vai ser fácil, digo a mim mesma.

Olho para meu animal para pedir orientação. Ele diz:

– Continue falando.

– David está morrendo na realidade comum, porque você mantém sua alma presa.

– Isso é bom – ela responde. – Eu quero que ele morra, assim ele me faz companhia aqui. Eu quero que ele fique comigo para sempre.

É muito difícil lidar com o roubo da alma. Embora a raiva e a frustração crescessem dentro de mim, sobrepujando-me, eu não podia fazer mal a Suzanne. Eu coloco a mão no bolso, pego um cristal de quartzo e dou a ela. Ela adora a luz brilhante, que começa a girar em volta dela e através dela. Ela começa claramente a ser conquistada.

– Eu posso levar você a um lugar onde a luz brilha o tempo todo, e ela vai cuidar de você.

– Como eu chego lá?

– Devolva a alma de David e eu a levo.

Suzanne olha para o cristal e depois para David e para mim. Passam-se segundos que parecem horas e finalmente ela concorda em libertar David.

Eu desamarro David da árvore. Ele cai ao chão, inerte; sua respiração é curta. Eu o deixo aos cuidados do meu animal de poder.

Coloco meu braço ao redor de Suzanne e começamos a flutuar. Continuamos a subir, saindo daquele lugar e viajando pelo espaço, rodeadas de planetas e estrelas. De repente, chegamos a uma membrana e a atravessamos. Nossa velocidade aumenta e continuamos a subir, passando por muitas camadas de nuvens. Ao longe há uma luz ofuscante. Eu sei que não posso ir adiante.

– Suzanne, vá para a luz.

Nesse momento eu a empurro para cima e a vejo desaparecer nos raios dourados que a envolvem.

Refaço meu caminho até o local em que deixei David. Sua condição é crítica e eu reluto em trazer de volta a alma de David, que espera na realidade comum.

Finalmente um tigre aparece, mostrando-se quatro vezes. Eu entendo que é um sinal de que ele está se oferecendo para ajudá-lo. O tigre se dirige para a alma de David e a infunde com energia e vida. Eu pergunto a David se ele está pronto para voltar. Ele acena com a cabeça e monta nas costas do tigre. Eu agradeço meu animal de poder pela ajuda.

A alma de David e o tigre voltam comigo para a realidade comum. Conservando-os em meu coração, eu os sopro para o coração de David e depois para sua cabeça. Depois de agitar o chocalho ao redor dele para selar e dar as boas-vindas, eu conto minha história.

Explico a David que sua namorada roubou sua alma. Ela não queria ficar sem ele, depois de ter decidido tirar a própria vida. Quando as pessoas morrem, não podem caminhar para a luz enquanto estiverem de posse da alma de alguém. Isso faz com que os dois fiquem presos ao Mundo Intermediário.

Para David a experiência de ter sua alma soprada de volta em seu corpo provocou uma grande onda de energia. Ele sentiu como se saísse da minha sala e corresse lá fora. Seus olhos estavam brilhantes. Sempre me fascinou como depois de cada resgate de alma os olhos de meus clientes ficam brilhantes. Um amigo que é médico me explicou que esse fenômeno é causado pelas endorfinas liberadas no corpo. Com sua própria alma de volta, David gradualmente recuperou a força e a vitalidade. Em alguns meses seus sintomas de fadiga e as infecções desapareceram, e ele continuou a desfrutar de boa saúde.

A história de David é um exemplo de como o roubo de alma causa doenças. Mas nem sempre essa é a única causa e, geralmente, é necessário que o trabalho de cura xamânica prossiga.

RECUPERAÇÃO DE UMA ALMA ROUBADA

Recuperar uma alma roubada é complicado. Em geral, os ladrões de alma acreditam que sua sobrevivência depende da força vital da outra pessoa. Ou não estão dispostos a devolver a alma ou estão presos à pessoa de tal forma, que não querem libertar sua alma. Mesmo assim, na prática do xamanismo, o xamã deve agir de acordo com a harmonia do Universo, o que significa que ele não pode ferir uma pessoa que roubou a alma de outra. Eu já ensinei a centenas de pessoas como resgatar almas. Em nossas jornadas, nos foram mostradas duas maneiras de resgatar almas roubadas.

O primeiro método é argumentando com o “ladrão”, tentando lhe explicar como suas ações e seu comportamento estão causando danos à outra pessoa. Muitas vezes pedimos que ele liberte a alma em troca de um presente. Um presente comum são as bolas de luz dourada. Às vezes, o praticante precisa resgatar um animal de poder para o "ladrão", um espírito guardião que vai proporcionar uma fonte pessoal de energia e força. Essas técnicas dão bom resultado para fazer com que um "ladrão" liberte a alma capturada.

Olhando xamanicamente para o "ladrão", podemos ver que ele também sofreu a perda da alma. Portanto, uma forma muito eficaz de lidar com essa questão é fazer um resgate de alma para ele. Uma vez que tenha seu próprio poder e vitalidade, não há necessidade de usar os de outra pessoa.

Outra maneira de conseguir que a alma seja libertada é utilizar alguma forma de trapaça. Por exemplo, meu animal de poder pode distrair o "ladrão" enquanto eu pego a alma. Essa é uma forma de abordar o roubo de almas que me causa um certo conflito interior. Até onde eu posso ir para resgatar a alma que está com um "ladrão"? No exercício do xamanismo eu não posso eliminar nem ferir um "ladrão" de almas. O princípio de causa e efeito é válido para os xamãs. Se eu ferir um "ladrão" de almas na realidade incomum, esta atitude vai se voltar contra mim.

É comum os xamãs utilizarem truques para lidar com "ladrões" de almas. Que significa, basicamente, roubar a alma do "ladrão". Por um lado, podemos dizer que eles merecem essa trapaça, por roubar o que nunca foi deles. Por outro, o fato de eu saber que ele também sofre com a perda da alma desperta minha compaixão.

Eu falava desta questão em um de meus *workshops* de treinamento. Uma aluna me interrompeu para dizer que achava que eu estava caindo em uma armadilha psicológica e que os xamãs usam qualquer meio necessário para recuperar a alma, independentemente dos sentimentos do paciente ou do "ladrão".

Seu ponto de vista era válido, mas creio que devemos atualizar constantemente as técnicas antigas para nos adaptarmos à nossa atual posição na evolução humana. A consciência está continuamente em mudança. O que era psicologicamente benéfico para um paciente cem anos atrás na Sibéria, pode não ser benéfico no momento e na cultura em que vivemos atualmente. Por essa razão, eu sempre tento uma cura na alma do "ladrão", quer eu use truques, amor ou negociação para libertar a alma.

Uma de minhas clientes, Mary, passava por um divórcio muito difícil. Em minha jornada para diagnosticar seu problema, eu vi que havia um cabo de guerra entre ela e seu marido. Eles competiam por uma luz que representava a alma de Mary. Na realidade incomum eu gritei para Mary soltá-lo. Ela fez isso e seu marido caiu para trás com tal força que deixou escapar a luz. Meu animal de poder então correu e a pegou, assim fugimos juntos para devolver a luz a Mary. Eu voltei para onde estava o marido dela e dei um presente a ele.

Muitos clientes, ao ouvirem que alguém roubou sua alma, preocupam-se com o bem-estar do "ladrão", em vez de sentirem ódio. Eu tranqüilizo o cliente, dizendo que o "ladrão" recebeu algum tipo de presente ou cura, e sempre que possível, eu levo a pessoa até ele para resolver as questões pendentes. A beleza desse método é que as duas pessoas recebem o que precisam para prosseguir o caminho de sua vida ou a jornada de sua alma de forma clara e fortalecida.

O ROUBO DA ALMA E O AMOR

Muitos de nós tomamos uma parte de alguém que conhecemos, para nos sentir ligados a pessoa. Devemos ter compaixão conosco para compreender nossa necessidade e encontrar outras formas menos destrutivas de sentir amor e ligação com outra pessoa. Em meus *workshops*, os alunos freqüentemente me dizem: “Meu Deus, estou com a alma da minha namorada. O que eu devo fazer?”. Todos nós precisamos encontrar uma maneira de libertar aquelas partes e permitir que as pessoas nos amem sem ter de acorrentá-las a nós. No capítulo onze há sugestões de como trabalhar essa questão. Eu realmente acredito que quando descobrimos esse tipo de comportamento em nós mesmos, é uma benção e não uma maldição. Ao tomarmos conhecimento de nossas ações, conscientes ou inconscientes, podemos mudá-las.

Uma controvérsia que surge freqüentemente em meus *workshops* de treinamento é o conceito de que não há vítimas que não sejam coniventes, ou se você me permitir um clichê: “quando um não quer, dois não brigam”. Eu acredito verdadeiramente nisso. Mas o que faz com que alguém queira ter sua alma roubada? Existem muitas possibilidades, e a dinâmica muitas vezes é bem complicada. Com as crianças, suas defesas psíquicas simplesmente podem não ser fortes o bastante para suportar a pressão de outro membro da família, irmão ou pai, na luta pela alma e podem desejar que o outro fique com sua alma para sobreviver ou porque estão cansadas de lutar. Para algumas crianças, dar uma parte da alma é uma tentativa de ganhar ou experimentar o amor de um membro da família – parte da alma é trocada por amor. Quando o amor não vem de outra maneira, a criança pode usar desse artifício abusivo para obtê-lo.

Isso acontece também com adultos, seja em relacionamentos amorosos, de amizade ou profissionais. Eles parecem dizer “aqui está uma parte da minha alma – minha essência, minha vitalidade, meu poder. Agora você me ama? Agora você precisa de mim? Agora você me reconhece?”. Se estamos inseguros, sem uma forte noção do *self*, não percebemos que existem outras formas de alguém amar e tomar conhecimento de nós, sem termos de vender a alma. Depois que alguém teve uma parte da alma retirada, suas defesas contra uma nova retirada se enfraquecem; e assim a pessoa pode entrar em um círculo vicioso de liberar partes da alma para um ladrão, em vez de aprender técnicas de defesa psíquica. Essa forma de relacionamento contribui com um significativo problema de nossa sociedade: a co-dependência.

O outro lado do roubo da alma é uma oferta realmente voluntária de uma parte da alma de uma pessoa para a outra. Por exemplo, quando um ente querido morre, a alma do sobrevivente pode tentar juntar-se ao falecido devido ao pesar e ao amor. Ou, em uma relação, um dos parceiros pode mandar uma parte de sua alma ao parceiro, para evitar se desligar. Ao lidar com questões de pesar e perda, eu muitas vezes vejo que parte da alma do cliente ainda está com a pessoa que partiu.

Em um dos casos, trabalhei com uma mulher divorciada, Laura, que não conseguia superar o fim de seu casamento. Ao fazer o resgate de alma de Laura, eu me vi em uma jornada no Mundo Intermediário, durante a qual eu descobri que uma parte da sua alma ainda estava com seu ex-marido, porque ela sentia muita falta dele. Eu encontrei essa parte sentada junto dele, na casa onde eles moravam. Quando lhe expliquei a condição dela devido ao divórcio, a parte fragmentada concordou em voltar, para que ela pudesse se sentir inteira novamente e prosseguir sua vida. Laura me disse que antes do resgate da alma ela se sentia vazia, como se houvesse um buraco dentro dela, e que quando eu soprei sua alma de volta, ela sentiu como se estivesse sendo preenchida com sua própria essência. Depois da sessão, Laura começou a ter uma sensação de poder pessoal; ou seja, energia e capacidade de criar em sua vida.

Nosso objetivo ao fazer um resgate de alma é preencher as pessoas com sua própria essência, para que tenham a energia para criar sua vida de forma significativa. Tomar a alma de uma pessoa ou dá-la para alguém, não favorece a clareza no caminho da vida de ninguém.

Atualmente, a co-dependência é uma questão muito comum; meus *workshops* estão cheios de pessoas que tentam romper relações e padrões de co-dependência. Eu acredito que a co-dependência é uma outra maneira de descrever a perda da alma. Tomar para si uma outra pessoa, ou ser conivente com padrões abusivos, é entregar a própria alma na tentativa de conservar o relacionamento. O resultado são pessoas paralisadas e infelizes.

Em *Healing the shame that binds you*, John Bradshaw escreve que "a co-dependência é uma condição em que o indivíduo não tem vida interior. A felicidade está do lado de fora". Ele usa o termo *vergonha tóxica* e a iguala a uma falência espiritual, rotulando a vergonha tóxica como um problema espiritual. Ele prossegue dizendo que isso causa uma alienação do *self* em relação ao *self*, fazendo com que ele seja "outrado" (passe a existir em função do outro)[1]. Então, voltamo-nos a fontes exteriores para preencher o vazio que sentimos.

Muitas vezes a co-dependência ocorre na família ou em relacionamentos em que o vício ou o abuso estão presentes. Bradshaw observa:

> *Nossa sociedade é dada ao vício. Temos 60 milhões de vítimas de abuso sexual. É possível que 75 milhões de vidas estejam seriamente afetadas pelo alcoolismo, sem que tenhamos dados de quantos mais por outras drogas. Não fazemos idéia do impacto real sobre nossa economia, dos bilhões de dólares livres de impostos que vêm dos vendedores de drogas ilegais. Mais de 15 milhões de famílias são violentas. Cerca*

de 60% das mulheres e 50% dos homens sofrem de distúrbios alimentares. Não há dados disponíveis sobre o vício de trabalho ou vícios sexuais. Eu vi uma citação recente que falava de 13 milhões de viciados em jogo. Se a vergonha tóxica é o combustível para o vício, temos um enorme problema de vergonha em nossa sociedade[2]*.*

O que Bradshaw chama de vergonha tóxica, eu chamo de perda da alma. Minha experiência revela uma alarmante incidência de roubo de almas, especialmente em famílias e relacionamentos em que existe abuso e/ou vício. Esses sistemas disfuncionais podem perpetuar o comportamento aprendido de co-dependência ao longo de gerações. Eu acredito que o resgate da alma tem muita aplicação na orientação de casais e famílias, mas devido à elevada incidência de roubos de almas, os profissionais xamânicos podem facilitar as coisas, recuperando as almas roubadas!

VISITA AO MUNDO DOS MORTOS

No anexo, discuto a doença do ponto de vista xamânico; a doença e até a morte podem ser conseqüências da perda da alma. Às vezes, a alma do cliente pode ter sido roubada por espíritos maus ou mesmo pelos mortos, que em geral a levam para o Mundo dos Mortos. Quando isso acontece, o cliente parece ter morrido, mas mesmo assim pode ser curado pelo xamã, cuja alma entra no Mundo dos Mortos enfrentando grandes perigos para resgatar a alma do cliente. Conforme Åke Hultkrantz, as histórias xamânicas incluem batalhas de vida ou morte entre xamãs e os habitantes deste outro mundo, enquanto lutam pelas almas perdidas. Os xamãs que resgatam almas do Mundo dos Mortos precisam ser muito fortes e habilidosos.

> *Em casos de doença como conseqüência da perda da alma, o doente é curado por um curandeiro de capacidade extraordinária, o xamã. O diagnóstico pressupõe que a alma do homem doente, em geral a alma livre, deixou o corpo por sua própria vontade ou à força. Às vezes pode estar vagando pelo ambiente natural; outras, pode ter sido levada por espíritos malignos, especialmente dos mortos. Nesses casos, cabe ao xamã enviar sua própria alma, ou eventualmente, um de seus espíritos guardiões, para recuperar a alma fugitiva. Pode acontecer de a alma que foi levada pelos mortos cruzar os limites do Mundo dos Mortos, e quando isso acontece a pessoa doente morre. Alguém que tenha "partido" nessas circunstâncias, e que para as pessoas vivas parece estar morto, pode ser trazido de volta à vida por um xamã habilidoso. O objetivo do xamã é entrar no Mundo dos Mortos, onde ele corre o risco de ser pego, e trazer de volta a alma, apesar da oposição dos mortos. Narrativas xamânicas de diferentes lugares descrevem como o xamã luta pela vida com os habitantes do outro mundo, e como eles são perseguidos pelos mortos ao voltarem da jornada[3].*

Quando comecei meu trabalho com jornadas xamânicas,

anos atrás, eu tinha verdadeira fascinação pelo Mundo dos Mortos. Meu animal de poder se recusou a me mostrar o caminho; ele disse que eu não estava pronta. Outro espírito auxiliar me explicou que havia guardas que ficavam na entrada do Mundo dos Mortos, e que eu tinha de aprender como enganá-los para passar. O problema é que meu coração era meu ponto vulnerável. Por causa de meu coração "fraco" eu seria imediatamente localizada e morta.

Ao longo dos dois anos seguintes eu me preparei para ir ao Mundo dos Mortos. Meu espírito auxiliar, uma linda deusa dos bosques, sempre vestida de azul, e com um longo cabelo dourado, iria me ajudar com meu coração. Ela tem a mesma essência que a bruxa boa do sul do livro *O mágico de Oz*. Por dois anos ela fez trabalhos de cura em meu coração, até que ele foi finalmente substituído por um coração de ouro maciço. Durante três anos, três de meus guardiões me ensinaram como andar furtivamente na realidade incomum, como me tornar invisível e como lutar, se fosse necessário. Depois de dois anos eu recebi uma capa cor de vinho para vestir em minhas jornadas ao Mundo dos Mortos. Anos depois percebo que toda essa preparação era essencial, porque às vezes eu preciso ir a esse lendário território para recuperar uma alma perdida.

Diana veio me procurar para fazer um resgate de alma. Como sobrevivente de incesto, ela carregava o pesar e a raiva de sua experiência, mas não sentia que seus problemas estivessem se solucionando. Diana foi estuprada por seus primos quando adolescente. Ela agora não tinha noção do *self*, e a palavra *poder* a aterrorizava.

> *Entrando no Mundo Inferior, eu me encontro à margem de um rio com um barco atracado. De pé, ao lado do barco, está o guardião que me acompanha até o Mundo*

dos Mortos; ele é um esqueleto. Coloco minha capa e entro no bote, que tem um exército de esqueletos auxiliares que vão remar o barco pelas águas escuras até a ilha que estou procurando. Remamos em meio à neblina em absoluto silêncio. Eu sento e tento me acalmar o quanto posso, porque para que eu caminhe incólume pelo Mundo dos Mortos, preciso ter a aparência de alguém que morreu. Preciso esconder minha luz e tornar minha pele cinza, deixar a cabeça pender e rebaixar todas as minhas funções vitais.

O barco chega à margem – o esqueleto e meu exército vão esperar por mim. Com minha cabeça pendente e meu corpo encurvado, começo a me arrastar para o portal e passo pelos guardas, entrando em uma paisagem de morte. Há grandes muros de pedra ao meu redor. Todas as rochas têm ossos espalhados sobre elas. No centro existem centenas de outros seres se arrastando num círculo, todos por sua conta, todos desanimados, totalmente perdidos no tempo.

Não há evolução ou esperança, apenas silêncio. Eu me junto a eles por algum tempo, começando a me sentir tomada pela exaustão. Minha força vital foi rebaixada por muito tempo, e começo a perder minha vontade de viver. Eu sei que tenho de ser rápida ou me perderei. Aqui meus animais de poder não podem me ajudar. Estou sozinha e tenho apenas meus próprios recursos para me apoiar.

Com a cabeça ainda abaixada, concentro minha visão o máximo que posso. A única ajuda que tenho para identificar Diana é minha intenção. Agora minha atenção é atraída para o que parece uma adolescente, que tem a mesma aparência sem brilho do resto de nós. Arrasto-me até ela e começo a caminhar ao seu lado.

– Você é Diana? – eu pergunto muito lentamente, e minhas palavras são arrastadas devido à minha extrema falta de força. Ela confirma. Pego sua mão e coloco minha capa ao redor dela. A capa que recebi me permite que ambas nos tornemos invisíveis. Podemos nos esgueirar pelo portão sem sermos vistas, desde que eu mantenha minha luz obscurecida. A única coisa que pode me denunciar é minha luz.

Acelero um pouco o ritmo, puxando Diana, que não tem condições de caminhar mais depressa, até estarmos seguras, além dos portais da morte. Eu caio de joelhos e respiro o mais fundo que posso, absorvendo vida, alimentando minhas células com oxigênio, visualizando minha luz. Agradeço aos espíritos por minha vida. Pego a mão de Diana e retornamos ao barco. O esqueleto, que nunca fala, faz-me um sinal e entramos no barco para iniciar a longa viagem para casa.

Eu desço do barco com Diana, aceno para meu guardião e para o exército. Caminhamos, e eu praticamente arrasto a alma de Diana para meu local de poder. Sento ao lado da lagoa olhando meu reflexo na água. Meu animal de poder aparece e se coloca ao nosso lado. Ele repentinamente me empurra para a água, e o choque da água fria me acorda. Eu nado até uma cachoeira, onde deixo que a água escorra sobre mim e lave minha experiência.

Nado de volta para onde estão meu animal de poder e Diana. Ele dá a ela uma poção para beber, e a vida começa a voltar para ela.

Meu animal de poder explica que o primo de Diana estava zangado e também havia sido abusado. Ele descontou sua raiva, frustração e sentimento de impotência em Diana, usando o estupro e a idéia de ter poder sobre ela para lidar com seus próprios problemas. Ele pegou a alma de Diana e a jogou no Mundo dos Mortos, ao ver que não lhe serviria para nada.

Eu pergunto a Diana se ela está pronta para voltar. Ela me agradece por resgatá-la deste lugar sem tempo, sem vida, sem sentimentos.

Voltar à realidade comum parecia mais difícil porque eu estava muito cansada, mas ao mesmo tempo aliviada por poder voltar. Por tudo o que meus guardiões já me ensinaram, eu sei que o Mundo dos Mortos precisa ser levado a sério. Diana e eu corremos para o meu túnel e eu soprei sua alma nela, que estava deitada pacientemente ao meu lado.

Indo para o Mundo dos Mortos

Quando Diana sentou-se e abriu os olhos, encarou-me de forma muito intensa, com os olhos bem abertos. A intensidade de seu olhar me assustou um pouco, e eu tive de me re-centrar.

Eu lhe perguntei como se sentia. Ela respirou profundamente antes de começar a falar, e um arrepio passou por seu corpo. Ela hesitou e continuou apenas me olhando. Finalmente, disse que estava bem, mas que se sentia "estranha". Ela afastou o olhar de mim e olhou lentamente pela sala. Mexeu os dedos dos pés e esfregou as mãos. Eu senti como se outra pessoa estivesse na sala comigo.

Novamente perguntei o que ela estava experimentando naquele momento. Ela disse:

– Eu me sinto muito forte. Eu sinto meu corpo. Eu tenho sensações físicas.

Alguém que tenha estado dormente por tanto tempo esquece como é sentir alguma coisa. Diana passou alguns minutos se reorientando para estar em seu corpo antes de falarmos sobre a jornada. A força que ela sentia naquele momento era apenas um pequeno exemplo do que ela experimentaria depois.

Demorou algumas semanas para Diana sentir o poder e a força da adolescente que a havia deixado. Essa adolescente agora tinha muita vida a recuperar. Começou por mudar sua dieta. Ela sentia necessidade de comer "comida viva" – alimentos verdes e frescos, que traziam a vida em si. Depois de mudar sua dieta, ela parou de fumar e beber. E sua busca espiritual agora está voltada para um caminho de poder, compreendendo o correto uso do poder.

No roubo da alma, o "ladrão" está lidando com o conceito de *poder sobre*. Esse conceito não está em harmonia com o Universo. Para entrar no fluxo universal, é preciso compreender o conceito de poder *com* as forças da natureza, não o poder *sobre* elas. O verdadeiro poder é transformador; pode transformar qualquer energia. Com o verdadeiro poder, podemos transformar a energia negativa de qualquer doença. Por fim, com o verdadeiro poder podemos aprender a transformar todas as doenças que acontecem em nossa terra, em nossa água, em nosso ar. E com o verdadeiro poder podemos aprender a transformar o sofrimento em alegria.

Aqui está um exercício para ajudá-lo a lembrar de sua própria luz. Pegue uma foto de quando você era um bebê. Por um momento, sente-se com a foto. Feche os olhos e respire profundamente para centrar-se. Abra os olhos e olhe fixamente nos olhos da foto. Veja a luz, e lembre-se quem você realmente é. Essa luz é você, e a não ser que permita, ninguém pode tirá-la.

3ª parte

bem-vindo ao lar:
a cura por meio da completude

A garotinha vem até você
Cautelosamente, cuidadosamente,
Será que ele vai ousar confiar novamente?
Ela vem com suas asas escuras
E fitas cor-de-rosa
Querendo coisas bonitas, sorvete
E um lugar em seu coração
Ela sussurra
E quer que você ouça
Ela é frágil e forte
Como uma semente de asclépia
Flutuando, procurando por um lugar para pousar
Se você cuidar dela, ela vai crescer
E trazer para você presentes de borboletas

Ellen Jaffe Bitz

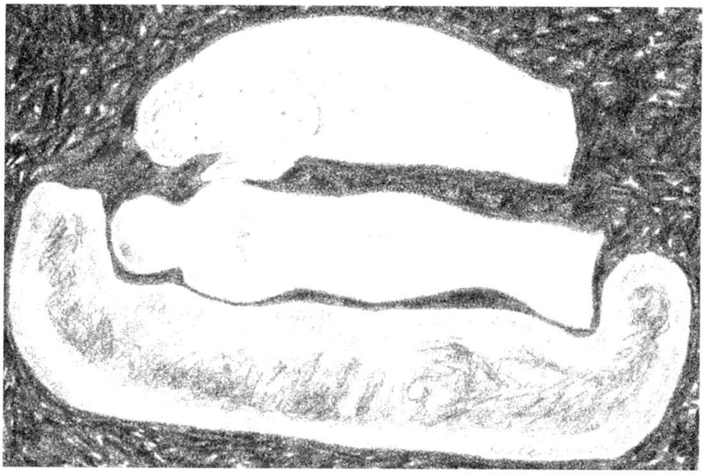

Uma alma retornando

capítulo 8

efeitos do resgate da alma

Toda doença é saudade de casa.
Dianne Connely

A parte mais difícil de explicar para outras pessoas sobre o resgate de alma, é a descrição de seus efeitos. Eles variam de forma tão ampla que não há maneira de prever o que vai acontecer para um indivíduo em particular. Nós somos todos únicos, e nossa psique tem sua própria maneira e seu tempo para lidar com as questões que surgem. Os efeitos do resgate da alma são extremamente variados tanto a curto quanto a longo prazos.

Logo depois de um resgate da alma, as pessoas podem afirmar que se sentem "mais presentes" ou "preenchidas". Algumas dizem que se sentem "maiores" ou "mais leves". Muitas descobrem que seus sentidos foram despertados e as cores estão mais vívidas. Elas ouvem melhor, seu o olfato é aguçado – elas estão mais "no corpo". Pessoas que se sentiam doentes e enfraquecidas freqüentemente relatam sentir mais energia, poder e força imediatamente.

Essas mudanças podem provocar alguma desorientação durante alguns dias, o que na verdade é uma reação positiva. Quando uma alma esteve "fora" de seu corpo por trinta ou quarenta anos e de repente está "dentro", tudo parece um pouco diferente. É como se alguém estivesse inclinado para o lado durante anos e repentinamente ficasse ereto. A pessoa experimenta o mundo de uma maneira muito diferente.

Eu me surpreendi do quanto fiquei desorientada depois de meu próprio resgate da alma. Imediatamente depois da minha sessão, precisei levar Christina, que fez o resgate da alma, até o aeroporto, que ficava a cerca de 100 quilômetros de onde estávamos. Sentei-me ao volante, coloquei as mãos na direção e pisei no acelerador. Eu não conseguia compreender por que meu carro não andava. Peguei alguns objetos brilhantes (as chaves) e olhei para eles tentando imaginar o que fazer. Não é preciso dizer que a viagem até o aeroporto foi uma aventura.

Gostaria de sugerir um exercício.

> *Olhe ao redor da sala onde você se encontra e localize um objeto que atraia sua atenção. Vá até esse objeto e sente-se diante dele. Feche seus olhos e respire profundamente algumas vezes para se centrar. Agora abra os olhos e concentre totalmente toda a sua atenção no objeto por alguns minutos. Olhe para cada detalhe, estude a cor, observe a textura, concentre-se, veja-o atentamente. Agora esqueça o objeto e olhe ao redor. Trazer sua consciência para o presente, para se concentrar no objeto, pode fazer com que você venha totalmente para seu corpo por um momento. Quando você olha pela sala, perceba se ao sair daquele estado de consciência elevada você percebe as coisas de forma diferente.*

Às vezes as pessoas reagem de forma extrema depois de um resgate da alma. Elas pode explodir em lágrimas, emocionadas com a experiência e com as informações. As lágrimas muitas vezes surgem por conta de uma lembrança do trauma que é revivido. É bom lembrar que como a parte da alma foi embora com a recordação do trauma, a lembrança retorna com essa parte da alma; ela pode voltar imediatamente ou ao longo de diversas semanas. Algumas pessoas não sentem nada imediatamente depois do resgate da alma. Essas pessoas podem pensar "eu me sinto mais pacífica" e ir embora, agradecendo-me pelos meus esforços e me desejando felicidades.

Devo admitir que depois de dizer as palavras "seja bem-vindo" eu vivencio segundos que parecem minutos cheios de ansiedade e excitação enquanto espero que meus clientes abram os olhos e olhem para mim. O que vai acontecer? Às vezes, a intensidade de seu olhar me choca e assusta. Outras vezes a suavidade em seus olhos me comove. Freqüentemente o olhar é o de uma criança sapeca que voltou. E isso chama minha própria criança sapeca e me dá vontade de rir. O olhar maravilhado dos clientes olhando em volta com seus novos sentidos sempre me emociona ao realizar este trabalho. Para algumas pessoas é como acordar de um sono muito longo. Para outras é como ir para a cama à noite, mergulhando nas cobertas, aconchegando-se e sentindo o conforto, e suspirando "*Aaaah!*".

Às vezes o efeito do resgate da alma surpreende o cliente que pode estar agitado devido ao impacto de receber de volta certa parte da alma. Quando trabalhei com Jo, eu trouxe de volta uma parte dela com quatro anos de idade, quando sua mãe não permitia que ela subisse em uma árvore do quintal; a pequena Jo estava furiosa, e sua parte obstinada foi embora, furiosa por ter ouvido um não.

A Jo adulta estava ansiosa pelo seu resgate da alma. Ela sabia que havia tido um relacionamento conflituoso com sua mãe, mas não lembrava dos detalhes. Quando eu relatei o incidente da árvore a ela, depois de dar-lhe as boas-vindas, ela soltou uma gargalhada. O que havia sido um evento tão importante para Jo aos quatro anos, um acontecimento terrivelmente traumático na época, parecia totalmente insignificante para uma mulher de quarenta, que a essa altura já havia dito *não* muitas vezes.

O efeito do resgate da alma pode muitas vezes surpreender o cliente à medida que ele experimenta novamente o acontecimento de um ponto de vista adulto, em vez daquele de uma criança. Freqüentemente, o incidente não parece tão traumático ao adulto, embora a criança possa tê-lo experimentado como tal.

Na maioria dos resgates de alma eu percebo que os efeitos são retardados cerca de duas semanas. As sensações de felicidade, tristeza ou raiva parecem se intensificar ao longo do tempo. As pessoas podem sentir-se temporariamente deprimidas algumas semanas depois do resgate da alma; às vezes precisamos caminhar pela escuridão para chegar à luz. Mesmo com clientes cronicamente deprimidos, o retorno da essência parece acender a luz da vida que eles procuravam. A maioria das pessoas, com o tempo, sente o poder, a força e a sensação de estar presente em seus corpos. Muitas pessoas notam que seus sonhos mudam significativamente. Algumas pessoas dizem que seus sonhos tornam-se mais vívidos; muitos relatam que as lembranças que envolvem os traumas passados são mostradas em sonhos. Pessoas que nunca lembravam de seus sonhos começam a fazê-lo.

Algumas pessoas afirmaram experimentar uma preocupação com a morte depois do resgate da alma. Uma vez que esse resgate marca o fim do "velho" e um novo começo, essa morte metafórica pode ser interpretada literalmente.

MUDANÇA

Eu fico freqüentemente fascinada ao ver como os efeitos

do resgate da alma mudam a vida das pessoas de uma forma significativa. Tenho sido inspirada pelas palavras enviadas pelas pessoas que fizeram o resgate da alma, seja comigo ou com outros profissionais xamânicos. Alguns de seus relatos estão incluídos nos próximos capítulos. Eu agradeço a cada uma dessas pessoas por partilhar essas experiências profundas e íntimas para que possamos aprender com elas.

Eu também gostaria de enfatizar que no xamanismo nós trabalhamos com o aspecto espiritual da doença. Do ponto de vista xamânico, a doença emocional e/ou física é uma falta de harmonia na vida do indivíduo. Embora o resgate da alma possa corrigir o que está desarmonizado, esse tratamento às vezes precisa ser complementado por outras formas de terapia, como orientação, exercícios ou tratamento médico.

MINHA ALMA DE VOLTA: EXPERIÊNCIAS PESSOAIS

No começo do livro eu mencionei que o resgate da alma não é o fim do trabalho, mas sim onde ele começa. Os clientes passam uma ou duas horas com um praticante de xamanismo, durante a cerimônia. Qual é então a experiência depois que eles saem pela porta e estão finalmente sozinhos com eles mesmos?

Wendy descreve seu primeiro resgate de alma, que trouxe de volta diversas partes.

> *Quando cheguei em casa eu me sentia aérea, como se trouxesse visitas para casa. Gostaria de ter deixado meu apartamento mais arrumado; tinha medo de que as partes não quisessem ficar. Acalmei-me com grande dificuldade naquela primeira*

noite e tentei dialogar com minhas partes recentemente reunidas sobre o que ajudaria a fazer com que elas ficassem comigo. A parte de cinco anos de idade disse imediatamente que sua única exigência era que eu me divertisse mais. Ela gostou da independência e liberdade que eu tinha em minha vida. Quanto à parte de vinte e sete anos, ela não deu uma resposta clara à minha pergunta.

Durante os dias seguintes ficou claro que minha vida tinha dado uma virada. Eu me tornei mais concentrada, mais organizada e ordeira, quase como se eu repentinamente tivesse um administrador ou uma força que me dirigia. Eu senti que a parte de vinte e sete anos precisava se sentir necessária, e ela estava respondendo à minha pergunta com atitudes. Ela viu que podia ajudar a dirigir e ter um papel ativo em minha vida, e com isso ficaria feliz.

Agora, mesmo enquanto escrevo meu relato, percebo que uma terceira parte foi trazida de volta das profundezas, uma parte muito torturada e abusada. Naquela primeira noite, quando perguntei o que ajudaria as partes a ficarem, a resposta foi um sussurro: "Cuide de mim". Nas semanas seguintes eu tentei ser mais delicada comigo mesmo, quase como se cuidasse de uma criança. Eu tomei banhos mais longos, dava mais atenção ao tempo de meditação, toquei músicas mais suaves, usei velas e tentei não me estressar. Eu queria que a parte de vinte e sete anos sentisse que era amada, bem-vinda, respeitada e protegida.

Agora, quase seis semanas se passaram desde meu primeiro resgate de alma, e parece que as partes estão bem integradas; eu me sinto mais presente. Eu tento reconhecer o trauma que cada parte sofreu e as agradeço por terem voltado.

Sandee relembra os dias que se seguiram ao seu resgate de alma.

Numa noite de terça-feira, antes de dormir, eu pedi para minha parte criança ficar. Eu pedi para receber nos meus sonhos um sinal ou um símbolo explicando como providenciar um lar feliz para ela. Pela manhã eu não lembrava de sonho nenhum, mas no decorrer do dia me veio a imagem de mim mesmo pulando corda com minha mãe e minhas irmãs. Antes do jantar, eu fiz uma meditação relaxante e conversei com minha garotinha. Mais uma vez pedi que ficasse e me perguntei se havia alguma coisa que eu pudesse fazer para conservá-la comigo. A imagem que me veio foi de uma criança pulando corda. Decidi pular corda depois dessa meditação, mas questionei o que iria aprender. Então, clara como um sino, uma voz em minha cabeça disse: "Vai aprender a brincar".

Respirei profundamente para relaxar e falei

com a segunda alma. Dei-lhe as boas-vindas e perguntei o que poderia fazer para mantê-la comigo. Acalmei minha mente e alguns minutos depois eu ouvia o som da chuva caindo (uma delicada chuva de primavera, leve, mas contínua).

Chamei minha terceira alma e depois de dar-lhe as boas-vindas, perguntei o que eu poderia fazer para que ela ficasse. Permaneci bastante relaxada por alguns minutos e minha mente estava excepcionalmente clara. Então uma lágrima escorreu dos meus olhos.

Eu me levantei, saí com a corda e comecei a pular. Surgiram canções da minha infância. Depois, sentei-me e desfrutei a noite maravilhosa. Com a cabeça apoiada na mão eu descansei. Quando saí com o cachorro, senti-me definitivamente leve, como se tivesse sido tirado um peso do meu peito. Tudo parecia muito claro, quase luminoso.

A RESPOSTA DE UMA PSICOTERAPEUTA

Susan, uma terapeuta da Dinamarca, mandou-me uma carta. Depois de seu resgate da alma ela recomendou esse trabalho para diversos clientes.

Prezada Sandra,

Jonathan e eu fizemos cerca de vinte ou vinte e dois resgates de almas, e vou tentar escrever algumas palavras sobre a forma como o resgate da alma funciona para os clientes com os quais eu mais trabalhei.

No ano em que trabalhei com Jonathan, tornei-me uma terapeuta mais radical, no sentido de tentar libertar meus clientes dos laços que os prendiam a seus pais. (Com certeza isso é resultado do meu próprio resgate de alma, que não vou detalhar aqui.)

Muitos dos meus clientes cresceram com pais que os rejeitavam emocionalmente, e me parece que em nossa cultura existe uma espécie de pacto secreto entre pais e filhos que estabelece que tudo o que os pais fazem por seus filhos é feito por amor.

Eu vejo uma linha direta que vai do ponto em que se origina essa mentira até o centro de poder individual da pessoa, que eu chamo de "a criança". Se acontecer de a criança precisar proteger a si mesma, ou a um de seus pais, todo o poder que ela deveria usar para seu próprio desenvolvimento é perdido e entregue a seus pais.

Os recursos das crianças são usados por outros, com mais rapidez do que ela pode produzi-los. Tamanha solidão da criança manifesta-se como um grande pesar. Em algumas situações da vida, a mentira não consegue encobrir o fato, que sempre foi verdadeiro, de que os pais não foram capazes de dar amor e proteção a ela. Esses episódios levam ao trauma.

É a esses traumas que eu faço meus clientes

voltarem, e é o caos e o vazio que envolvem esses traumas que eles têm tanto receio de sentir. Para esse trabalho, o resgate da alma é uma ferramenta maravilhosamente eficiente para devolver o poder à criança. Com meus métodos terapêuticos anteriores eu era capaz de ensinar a meus clientes como se afastar mentalmente de situações nas quais eles seriam vítimas. Com o resgate da alma eu percebo que eles devolvem o poder à criança que eles haviam perdido. Eu notei que diversos dos meus clientes, depois do resgate da alma, reagiram com raiva, enquanto antes sentiam-se culpados. Muitas das pessoas com quem eu trabalhei estão extremamente esgotadas e resignadas, depois de uma longa vida gerando energia apenas em benefício de outros. O resgate da alma dá a eles sua energia de volta, de tal maneira que podemos trabalhar juntos, passando pelos traumas que experimentaram, e possibilitando que o amadurecimento aconteça naturalmente.

Muitas vezes são tomadas decisões radicais no período posterior a um resgate da alma. Uma mulher, cuja filha estava prestes a sair de casa, não tem mais receio de vê-la como um indivíduo independente. Outra percebe que escolheu a carreira errada e preferia ser uma mulher de negócios do que enfermeira. Outra mulher lembra-se repentinamente de ter sido abusada sexualmente; uma quarta torna-se capaz de ver como sua mãe a aterrorizou fisicamente e começa a trabalhar essa questão.

Eu tenho uma cliente com a qual acho que não tive muito sucesso, porque ela continua a se colocar no papel de vítima em todas as situações da vida. Mesmo assim, eu diria que depois de seu resgate da alma ela se tornou mais capaz de manifestar seus sentimentos. Ela foi abusada sexualmente e cresceu em um ambiente fundamentalista religioso, dois fatores que encontrei anteriormente em diversos clientes.

Surpreendeu-me a quantidade de clientes que afirmaram sua imediata compreensão da perda da alma, a compreensão de que perderam um pouco de sua alma e de que precisavam tê-la de volta para se sentirem indivíduos completos e poderosos. Esses conceitos são lógicos para a maioria de meus clientes, mesmo que eles nunca tenham pesquisado esses domínios incomuns.

Kevin, terapeuta, escreveu para contar sobre o que seus clientes experimentaram com o resgate da alma. Ele disse que os clientes reclamaram por se sentirem deprimidos, mas o que realmente acontecia, ele acredita, é que antes do resgate da alma eles “não sentiam”. Depois do resgate da alma, os clientes começaram a vivenciar mais. As cores se tornaram mais intensas; o mundo com mais textura, mais sensualidade. As pessoas redescobriram imagens que têm vida própria e encontraram a magia da infância.

Ele acha que a diferença no nível de sensações de seus clientes é imediata. Mesmo os sentimentos negativos são experimentados de forma mais completa. Os clientes têm a sensação de estarem vivos e o desejo de viver. Na sua experiência, seus clientes, que não eram gravemente traumatizados, sentem-se melhor imediatamente, enquanto aqueles que sofreram traumas mais severos parecem ter mais dificuldades após um resgate de alma. Para esses clientes é importantíssimo um acompanhamento de orientação.

Ter de volta as partes da alma é ao mesmo tempo estimulante e assustador para a maioria das pessoas. A ligação será suave? Será alegre? Vai trazer dor? Que exigências a alma que retorna vai fazer? Embora essas perguntas tenham uma resposta diferente para cada pessoa que recebe a alma de volta, o ponto em que todos concordam é que é um momento de grande comemoração.

LIMITAÇÕES DO TRABALHO

Nem todos os que passam por um resgate de alma experimentam um efeito dramático – ou mesmo algum efeito. Eu sou uma pessoa que realmente gosta dos mistérios do Universo e não acredita que tudo possa ser compreendido. No entanto, vejo diversas razões para que os efeitos de um resgate de alma possam não ser sentidos. Primeiro, a perda da alma pode não ter sido significativa o bastante para produzir efeitos visíveis ou sensíveis; o efeito pode ser sutil demais para que a pessoa perceba.

Algumas pessoas podem achar que desejam o resgate da alma, mas inconscientemente podem não estar prontas para receber sua alma de volta. Elas podem não querer se livrar de sua doença; trocar o que é velho e familiar pelo desconhecido pode ser ameaçador demais. Elas podem não estar prontas para trabalhar conscientemente o retorno das lembranças. Essa necessidade de tempo deve ser respeitada. Todos nós somos únicos e deve-se respeitar o momento certo de nosso ser para curar, mudar e re-experimentar traumas da vida.

Alguém pode achar que o xamanismo e o resgate da alma são "estranhos demais". Se o trabalho é menosprezado e invalidado, qualquer efeito benéfico pode ser bloqueado.

Algumas pessoas me dizem, à queima-roupa, que não querem o resgate da alma. Eu ouço isso de sobreviventes de incesto, que dizem: "Eu não estou pronto para que minha alma volte". Eu repito que sempre respeito essa reação e estimulo as pessoas a procurarem ajuda para preparar o retorno da alma.

Existem muitos "caminhos para Roma"; o resgate xamânico da alma é apenas uma maneira de ajudar alguém a alcançar um estado de completude.

MAIS PARA CONTAR

Existem muitas histórias para contar. Cada uma delas é especial e mostra como o resgate da alma pode nos ajudar a nos abrirmos para o poder e a beleza do mundo ao nosso redor, para fazer parte do mundo de forma total.

Margaret, uma amiga querida, escreveu:

> *Desde que recebi minha parte de quatro anos de idade de volta... por estranho que pareça ela é a parte mais integral de mim. A alegria e a coragem, ou simplesmente a capacidade de realizar estava à minha disposição. Ela não parece estar presa ou fixa... parece que ela é a minha parte mais fluida. Ela é parte de mim e "é", sempre que eu preciso senti-la. Mais do que recuperação... ela é uma janela interdimensional, quase um portal pelo qual outras dimensões podem*

se manifestar, ou que posso atravessar para viver ou recuperar o conhecimento de outras dimensões. Minhas lembranças se derramam sobre mim, e a integração é muito confortável, parecendo muito mais com uma peça de quebra-cabeça do que uma bomba-relógio.

Larry escreveu:

Um efeito interessante é que parece que minhas percepções e minha forma de experimentar o que ocorre ao meu redor são mais profundas, há uma maior riqueza de "ser". As coisas parecem mais "reais" e eu me sinto mais parte delas.

E Jessica, que sofria de depressão crônica, envia alguns pensamentos que afloraram depois de seu resgate da alma:

Querer voltar para casa novamente, unir-se com o self. *Quem pode saber onde eu estive, a não ser os que caminham pelos domínios da escuridão? A luz atinge meus olhos; ela permeia meu coração enquanto faço as pazes com o criador – o criador do amor, da vida e da mágica. E quem vai olhar nos meus olhos e ver, a não ser aqueles que eu conheço, aqueles que viajaram e viram os territórios nunca antes vistos para onde minha alma fugiu? Para me dar as boas-vindas e criar um lar, um glorioso lar onde somos amadas e felizes e ficamos e nos banhamos na luz da vida. A alma é uma fonte de alegria.*

Anos atrás, em uma jornada, eu recebi a seguinte mensagem: "A terra apoiará qualquer coisa que apóie a vida". O que eu descobri é que depois de um resgate da alma o indivíduo não pode mais "ficar indiferente". Cada um de nós precisa tomar decisões pessoais e planetárias que impeçam o abuso da vida. Quer seja uma pessoa que precisa se livrar de um vício abusivo ou de uma desordem alimentar, trocar de trabalho, abandonar um relacionamento, assumir um papel político mais ativo, ou aumentar a consciência de como nós continuamos a abusar de nosso ambiente, todos nós temos de ser responsáveis. O que significa que temos de reagir da forma necessária. Nós sentimos a necessidade de despertar e mudar nossa realidade para uma posição de "*poder com*" a natureza e com a força do ser que sabe que tudo é possível.

capítulo 9

relacionamentos e questões sexuais

A alma é a vida pela qual estamos ligados ao nosso corpo.
Santo Agostinho

Quando estamos totalmente presentes, parece surgir uma postura mais realista sobre as pessoas ao redor de nós. Alguns indivíduos sentem que é mais fácil aceitar outras pessoas, talvez por poderem agora aceitar a si mesmos. Para outros, uma "verificação de realidade" pode mostrar que o relacionamento com determinada pessoa é abusivo e precisa chegar ao fim. Qualquer que seja a questão, muitas pessoas acham que a forma como se relacionam com os outros se altera. Os exemplos a seguir ilustraram alguns efeitos diferentes do resgate da alma sobre os relacionamentos.

Aqui estão trechos de outro relato:

> *Hoje é o dia seguinte do* workshop *de resgate da alma, e estou começando a perceber que grande mudança eu aceitei fazer quando pedi que uma determinada parte de minha alma voltasse. Quando Sandra falou que a mudança seria grande, eu fiquei assustada. Será que eu estava pronta? Eu resolvi que podia estar assustada e mesmo assim seguir adiante, e foi o que fiz.*

A questão que mais me incomodava, e a parte que eu pedi que Lynn, minha praticante xamânica, trouxesse de volta era a parte da minha alma que aceita as pessoas como elas são. A jornada de Lynn para encontrar essa parte foi interessante. Ela encontrou seus animais, foi para o Mundo Inferior e para o Mundo Superior, e finalmente voltou para o Mundo Intermediário e encontrou-a a 30 centímetros de meu corpo. Lynn e eu concordamos que o fato de eu pedir a parte da alma a havia trazido para muito perto. Faltava muito pouco para ela voltar.

Refletindo sobre o que eu precisava fazer para conservar essa parte de mim, percebi que precisava parar de falar mal dos outros. Então, compreendi o que significa aceitação.

Aceitação é pegar o que eu gosto e esquecer o resto. "Esquecer o resto" inclui não falar sobre a parte que eu estou deixando de lado (a parte que eu estou deixando pode ser exatamente o que outra pessoa precisa). Isso inclui compreender que descartar outra pessoa ou sistema indica que existe alguma coisa faltando na minha própria auto-estima (a alma). Um uso muito melhor de minha energia é encontrar a parte de mim que está faltando. A integração dessa parte pode tornar desnecessário desprezar alguém. "Esquecer o resto" não inclui ficar quieta quando o comportamento de uma pessoa me incomoda. Dizer a essa pessoa que seu comportamento me afeta é ter respeito comigo mesma. Isso aumenta minha auto-estima.

O aspecto disso que me faz mudar muito, é perceber que um sistema, assim como uma pessoa, não pode ser de todo ruim. Como feminista, passei vinte anos da minha vida lutando contra o sistema patriarcal. Pegar o que eu gosto desse sistema e esquecer o resto (e não falar mal dele) é um grande desafio para mim. Aceitar que podem existir coisas que eu posso usar nesse sistema e descobrir quais são elas é parte do desafio. Como no caso da minha decisão de pedir de volta essa parte da minha alma, estou assustada e intrigada com o desafio.

O resgate da alma de Kate deflagrou uma reavaliação de seu casamento.

Em novembro de 1998 eu participei do workshop *de resgate da alma ministrado por Sandra Ingerman. O primeiro dia foi sábado e eu me sentia apreensiva. Como Sandra explicou, trazer de volta uma parte da essência da alma é um trabalho poderoso e algumas vezes pode reavivar dores "esquecidas" e provocar mudanças de vida. A responsabilidade decorrente desse fato era a causa da minha apreensão... a reviravolta desconhecida que podia ocorrer na minha vida e o efeito que teria para a outra pessoa envolvida. Apesar do meu receio, continuei no* workshop. *Eu sentia um vazio no meu plexo solar, um vazio que eu carregava comigo desde minha infância. Eu desejava encontrar algum conforto, e ajudar os outros a encontrar também. O resultado desse fim de semana provocou uma reviravolta em minha vida... reviravolta positiva, que me fez entrar em ação e ainda faz.*

Quando eu era a cliente, eu não fazia idéia para que parte da minha alma, se é que havia alguma, os espíritos levariam o xamã. Minha mãe havia falecido recentemente e nossa ligação durante a vida havia sido bastante complicada. Depois que ela faleceu eu ainda conservava essa lembrança, e minha mãe aparecia com freqüência nos meus sonhos. Uma vez pediu que eu me casasse com ela. Para ser honesta, havia uma parte de mim que tinha medo dela, como eu sempre tive na vida. Eu achei que ela poderia hostilizar o xamã em sua jornada, pois eu tinha certeza de que ela havia levado uma parte de mim ao morrer. Eu contei para John, que faria o resgate da alma para mim. Ele me assegurou que confiava em seus espíritos e estaria protegido. Eu relaxei um pouco. Durante a jornada eu prendi a respiração e permaneci na sala. Quando John terminou e soprou no meu corpo, eu senti um sinal que vou chamar de fertilidade – só um sinal... uma gota. Ele contou sua experiência e disse que encontrou um bebê de cerca de quatro meses. Foi essa a essência que ele devolveu. Eu pensei: "'Tá' bom, e daí?". Na época não sabia o poder desse bebê.

As semanas posteriores a esse resgate foram muito movimentadas. Eu estava arrumando uma nova casa, trabalhando... uma correria. Mesmo assim sentia bastante energia, apesar dos dias longos. Eu também conheci três pessoas que em ocasiões diferentes me disseram que eu parecia diferente, que eu parecia mais completa. A essa altura eu não associei conscientemente essas reações ou minha maior energia com o resgate da alma. Eu estava muito ocupada. Em janeiro de 1989, a vida ficou mais tranqüila depois que eu mudei para a minha nova casa e me estabeleci. Tive tempo para ficar comigo, e lentamente começaram a surgir sinais de depressão. Eu não conseguia descobrir a causa. Eu finalmente morava fora da cidade de Nova York, com árvores, estrelas, espaço aberto... tudo o que eu sempre quis. Por que eu estaria deprimida? Eu tentava deixar meu sentimento de tristeza de lado, mas ele surgia cada vez mais forte, até que eu passava dias chorando. Saía tanta coisa de mim, que eu achei que o meu "lado racional" seria levado embora. Eu resolvi procurar ajuda profissional.

A pessoa que me foi recomendada por um amigo tinha mestrado em teologia. Eu achei que era uma boa escolha para me guiar por *esse desassossego do espírito. Ele não compreendeu bem minha explicação de resgate da alma, mas era aberto, não fazia julgamentos. Ter uma pessoa que não fosse eu mesma nem de meus relacionamentos próximos ajudou muito para organizar a minha luta interior. O que eu descobri? Eu estava em um casamento falido, que eu aceitei durante anos – aceitando a dor emocional, a solidão, a falta de sexualidade – e tudo isso estava levando minha força embora. Eu queria minha força de volta. Eu também percebi que a forma como eu funcionava neste mundo não era saudável. Grandes mudanças estavam a caminho. O fato é que o resgate de uma parte "perdida" de mim me tornou mais completa e, portanto, o que era aceitável, na minha vida anterior não podia mais ser suportado. Isso é crescimento. Dá-me um centro mais forte para reagir ao mundo. Eu sou menos um membro dos "feridos ambulantes"*.*

Ursus fala sobre o resgate de sua alma.

Kerrith, meu praticante xamânico, falou-me em trazer de volta as seguintes partes da alma: quando eu tinha cerca de três anos, meu pai tirou de mim uma boneca que eu queria muito. Kerrith me encontrou sentada

---

*Kate realmente terminou seu casamento depois dessa descoberta e agora tem uma vida muito mais plena (Nota do Autor).

no chão terrivelmente desesperada. Ela fez minha avó distrair meu pai, preparando alguma coisa na cozinha até eu conseguir pegar minha boneca de volta. Quando tinha cerca de oito anos, fui pega por uma grande onda na praia e achei que ia morrer. Não havia ninguém por perto para me ajudar. (Eu me lembro de ser jogada pela onda e de ter tido sonhos recorrentes sobre maremotos.) Quando tinha dezoito anos, estava em um carro na beira de uma estrada em alguma região tropical. Eu tinha uma faca na mão. Kerrith me pede para vir e eu respondo: "Eu estou bem". Ela quer que eu venha, mas eu insisto que eu quero enfiar a faca no assento do carro. Ela finalmente me convence a largar a faca no assento. Vou até ela. (Três dias antes do meu décimo oitavo aniversário eu peguei uma carona nos arrecifes da Flórida com um homem que queria me violentar e me matar. Ocorreram alguns assassinatos brutais por lá naquela época – encontraram partes de mulheres em diversos lugares – e eu estava convencida de que ele era o assassino. Consegui escapar, mas fiquei bastante ferida. Eu fiz uma descrição do homem e de seu carro, mas as autoridades não fizeram nada.)
Quando eu tinha trinta anos: Kerrith pediu especificamente por esta parte. Fui estuprada por um homem que invadiu meu apartamento. Ele roubou parte de minha alma e me obrigou a pegar uma parte da

alma dele. A parte que estava comigo tinha sido bem cuidada, estava brilhante e satisfeita. A parte que ele havia tirado de mim estava estragada e rasgada, sem vida. Kerrith enganou-o para que pegasse a sua de volta, porque agora ela era obviamente a mais atraente.

Depois de meu resgate da alma eu me senti muito mais leve e feliz pela primeira vez desde que fui estuprada. Minha parte disse para eu pegar um bastão e quebrá-lo ao meio no chão para representar a ruptura entre aquele homem e eu.

Minha parte estava estragada e rasgada. Quando a polícia chegou (depois do estupro) pediram para me fotografar como prova. Eu havia passado por seis horas de horror. Eu tinha um lenço que ele havia usado para me vendar ao redor de minha cabeça. Tinha hematomas por todo o rosto, que estava arranhado e inchado. Embora eu nunca tenha visto as fotos, tenho uma em minha cabeça. Parte de minha cura foi ficar imaginando essa foto até sentir compaixão e amor em vez de medo, para me aceitar mesmo naquele momento que eu desejava esquecer. Kerrith me falou para comprar um lenço amarelo e usá-lo na cintura para me lembrar do sol e da felicidade da vida. Alguns dias mais tarde eu me peguei cantando uma canção: "Amarre uma fita amarela ao redor a do

velho carvalho; foram três longos anos, você ainda me quer...".
A diferença mais notável que começou imediatamente depois do resgate da alma foi a falta de discussão entre meu marido e eu.*
Durante essa época eu me senti mais leve e feliz. Eu tinha mais confiança e flexibilidade na minha personalidade. Eu também tinha sonhos mais vívidos – e eles pareciam diferentes, como se estivessem em um plano diferente; é difícil explicar exatamente. Eu me sentia sintonizada com o nível mais profundo de mim mesma.
Os efeitos mais duradouros foram uma maior aceitação de meus sentimentos (eu estava preocupada por me sentir irritada o tempo todo – agora é apenas mais um sentimento), muito mais controle sobre meus pensamentos (eu era assolada por pensamentos obsessivos – agora eles se foram), e uma sensação maior de poder pessoal. Também notei que surgiram lembranças mais agradáveis da infância. Elas aparecem quando eu sinto um cheiro, ou quando estou em algum lugar – como breves vislumbres de sentimentos.
Uma outra coisa realmente maravilhosa aconteceu. Eu fiquei mais consciente de

*Ursus e seu marido ainda têm problemas a resolver, porém ela relatou o período posterior ao resgate da alma como "o melhor tempo que passamos juntos" (NA).

que cada pessoa é totalmente única e tem seus próprios dons ou pontos de vista sobre a vida. Eu só posso imaginar que isso acontece porque estou me conscientizando de que sou um indivíduo único com talentos e pontos de vista especiais. É uma forma de ver muito agradável, e agradeço a todos os que tornaram o resgate da alma possível.

Quando passamos a ter um relacionamento correto com nós mesmos, é muito mais fácil partir para relacionamentos corretos com os outros. Eu também acho que temos a tendência de trazer para nossa vida pessoas que espelham as questões que estamos trabalhando. Por exemplo, se eu tenho muita raiva não solucionada, eu coloco na minha vida uma pessoa que expressa a raiva. Se eu não tenho confiança em mim, posso atrair para a minha vida uma pessoa que está constantemente me rebaixando. Se estou fragmentado, eu atraio uma pessoa que não está completa.

Quando as pessoas dão as boas-vindas à sua alma, sua vitalidade e sua essência original, a luz, o desejo de amor verdadeiro e a alegria retornam. Conservando esse estado positivo, a pessoa parece atrair pessoas que passaram a um sentido maior de concretude; eles parecem entrar na vida de alguém para refletir e apoiar as mudanças que ocorrem.

Uma pessoa que recebe a alma de volta sente-se responsável por cuidar da parte que voltou. Por exemplo, uma pessoa que esteja em um relacionamento abusivo pode cuidar da parte resgatada abrindo mão desse relacionamento. Nesse tipo de situação o sistema de apoio do cliente desempenha um papel crucial.

Em um relacionamento disfuncional, há um acordo inconsciente entre as duas pessoas (ou entre os membros da família) para manter a disfunção. Este é o papel da co-dependência. Mas o que acontece quando alguém, dentro dessa relação, tem uma experiência que faz com que a pessoa diga: "Eu não quero mais brincar disso"? O caos é instantâneo; ou, mais provavelmente, será necessária uma intervenção externa. Para que o relacionamento continue e cresça, os demais precisam acreditar que a mudança é boa, e precisam se comprometer a melhorar também, e melhorar o relacionamento. Se isso não ocorre, a pessoa que faz a mudança tem de decidir "ficar indiferente" e permanecer em uma situação insustentável com relação à completude recém-encontrada, ou abandonar o relacionamento. De uma forma ou de outra, o equilíbrio será quebrado e alguma mudança vai ocorrer. Um sistema de apoio torna-se essencial, seja para fazer o aconselhamento relativo ao relacionamento familiar, seja para ajudar a pessoa que precisa se afastar da situação.

Há um caso dramático para ilustrar esse aspecto. No início do meu trabalho com resgate de almas eu ainda não tinha total noção de seus efeitos, então em minhas entrevistas eu não perguntava o bastante ao cliente sobre sua história ou sistema de apoio. Pam me procurou para pedir um resgate da alma. Eu fiz o resgate, que não foi nada de extraordinário, e no fim da sessão desejei felicidades a ela. Naquela noite ela me telefonou em pânico. Vivendo um casamento fisicamente abusivo, ao chegar em casa, ela se sentia completa o bastante para perceber que não podia permanecer ali, mas não tinha para onde ir. A essa altura eu tive de encaminhá-la para uma agência que poderia oferecer um abrigo seguro para ela e seus filhos.

RELACIONAMENTO COM A FAMÍLIA

Depois de seu resgate da alma, Patrice teve dificuldades

com questões familiares. Eu recebi uma carta na qual ela descreve sua experiência:

> *Acho que o maior problema que estou tendo (e isso não é novidade) é com minha família. Minha incapacidade de me comunicar com eles (ou a incapacidade deles de se comunicarem comigo), em qualquer nível, é provavelmente a maior fonte de dor e frustração na minha vida e tem sido, bem, toda a minha vida. A essa altura, não quero qualquer aproximação com minha família. Eu lutei tanto que me sinto bem e não me sinto fracassada, nem desapontada, nem má filha, porque eu não tenho um bom relacionamento com eles. As críticas vêm de todos os lados: "Patrice é a louca da família. Patrice tem problemas. Patrice é egoísta e auto-centrada porque raramente nos telefona ou visita". Eu explorei e trabalhei muito essa questão por pelo menos três anos e ainda acabo sentindo uma tristeza e uma dor infinitas. Eu quero uma família. Realmente quero poucas coisas na vida, e uma família está no começo da minha lista, mas para mim é impossível, porque não posso ceder mais. Eu tenho que cuidar de minha "criança", minhas partes da alma. Elas são – eu sou – minha família. E acho que o que sinto agora é apenas uma profunda sensação de perda. Eu sei que não sou uma pessoa egoísta ou sem coração, mas as*

pessoas que eu queria que me amassem e aceitassem para sempre acham que sou, e isso me dói. É quando eu penso "como posso ajudar as outras pessoas por meio do xamanismo se não consigo nem lidar com minha família? Eu sou uma fraude". Mesmo assim eu posso ter ajudado outras pessoas de forma eficaz, porque sou honesta com elas, sou eu mesma, e elas gostam disso. Não posso ser honesta e aberta com a minha família porque eu não recebo nada a não ser escárnio, insultos e críticas destrutivas, além de zombarias acompanhadas de culpa e ameaças. É verdade, não estou exagerando. Então, a única maneira, nesse momento, para me manter saudável, feliz e espiritualmente conectada, é evitá-los. Será que os outros são como eu? É normal ter de fazer isso? Ou eu não estou sendo honesta o bastante comigo mesma sobre a situação? Estou sim. Eu fui radicalmente honesta comigo a respeito da minha participação no triste fim da minha vida familiar, e acabo sempre obtendo a mesma resposta: não sou eu. Não é minha culpa.

Agora eu brinco com a idéia de mudar meu nome, esquecer meu sobrenome e usar meu nome do meio como sobrenome. Não apenas é mais agradável de ouvir, mas é uma ruptura simbólica e tangível com minha família e meu passado. Bem, estou apenas considerando.

Eu quero partilhar um poema com você. Bem, não é exatamente um poema porque não rima, mas... mesmo depois da dor, da perda, dos sentimentos de insanidade, eu sei que minha vida vai melhorar enormemente porque agora estou mais completa e me recuso a desistir. Eu acho que o resgate da alma que você fez, marcou uma virada definitiva na minha vida. Estou muito grata. Se você quiser mostrar este poema para outros que desejem saber o que pode acontecer depois de um resgate da alma, fique à vontade.

Acabo de resgatar minha alma. Quatro pedaços voltaram e, agora estou sorrindo. Nunca me senti tão completa ou inteira. Nunca tive uma sensação tão sólida de continuidade pessoal... as lacunas e as rachaduras foram preenchidas, as fissuras eliminadas. Eu me acolho dos três aos vinte e um anos, da criança até a mulher. Agora eu admiro quem eu sou!

Digo isso não para me dar importância. Eu digo com verdadeiro amor e respeito pelas partes de mim que voltaram hoje... por tudo o que elas passaram, por sua força para sobreviver, por sua incrível coragem de voltar para uma vida que não foi nada fácil. E essas partes são realmente eu. Os pedaços do quebra-cabeça se encaixaram, e com o tempo as fendas desaparecerão. Eu serei uma imagem inteira.

Eu olho para as peças agora, cada uma

contendo uma parte vital e também uma dolorida lembrança, e mesmo assim eu sinto alegria. Eu reviso minha vida e vejo muita dor e sofrimento, mas me sinto abençoada. Eu vivi uma bela vida. Como pode a vida ser outra coisa senão bela quando você tem uma alma? E agora eu tenho alma.
Meu coração sofre por aqueles que não tiveram suas almas de volta, pois apenas agora, só hoje, percebo a dor e a desesperança que eu sentia e acreditava que era meu futuro. Mas não é mais. Hoje estou no caminho da alegria. Querido Deus do Céu, obrigada por minha vida. Realmente não há lugar como a nossa casa.

Deborah, por outro lado, experimentou uma mudança positiva e curativa em seu relacionamento com a família.

Um dos efeitos mais palpáveis do resgate da alma que eu fiz foi a solução do meu relacionamento com minha mãe. Enquanto fazia minha jornada no workshop*, eu me vi como criança mamando na minha mãe. Eu experimentei muito amor e saudade dela, e experimentei o que, quando criança, interpretei como rejeição, como se tivesse feito algo de errado com minha simples presença, simplesmente por ter nascido. Naquele momento da jornada, assumi outra consciência de mim mesma e consegui perceber que aquilo que eu havia interpretado como rejeição de minha mãe* *era na verdade seu próprio medo: medo da pobreza (ao ficar grávida ela teve de abandonar o emprego, porque era assim que as coisas funcionavam em 1948); medo de assumir a responsabilidade por uma criança; medo de não conseguir tomar conta de mim. Como criança, eu interpretei sua irritação como se eu tivesse feito alguma coisa errada ao nascer. Naquele momento eu soube que ela não estava irritada comigo, mas com as coisas que foram feitas com ela quando criança, coisas de que ela nunca me falou, talvez nem lembre conscientemente, mas que deixaram cicatrizes nela.*

Quando a vi, cerca de dois meses depois do resgate da alma, eu contei a ela minha experiência na jornada. Ela tremeu. Vi a verdade nela; vi o medo no seu rosto novamente. E vi ocorrer uma cura, seu rosto se acalmar quando eu, sua filha de quarenta anos, falei de sua experiência.

Ela e eu nos identificamos cada vez mais. Em março, na época do aniversário de minha avó, sentamos à mesa da sala de jantar com toda a família. Perguntei a ela sobre os lugares onde havia morado quando eu era criança. Eu disse que me lembrava do apartamento onde moramos quando eu era nenê, mas não conseguia me lembrar onde moramos a seguir. Minha tia-avó balançou a cabeça e disse que eu não poderia lembrar de coisas de quando eu era bebê. Minha mãe disse

– Ah! A Deborah se lembra.

Eu me senti curada. O meu nenê foi apoiado.

Durante essa última visita nós até falamos sobre a maneira como ela me tratava quando eu era criança.

– Eu sei que você acha que eu abusava de você – ela disse entre lágrimas.

Eu abaixei meus olhos e busquei no meu coração palavras de perdão, palavras que não acusassem, ferissem e nos afastassem, mas aquelas que pudessem nos curar.

– Eu sei que você fez o melhor que podia. Eu sei que a forma como você nos tratava não era uma fração do abuso que você sofreu quando era criança, e que nos anos 50 algumas pessoas acreditavam que era preciso usar a palmatória para educar as crianças. Eu carreguei comigo as feridas desse tratamento por toda a minha vida. Eu sei que você achava estar fazendo o que era correto, e eu tive muito trabalho para desatar os nós que estavam embaraçados dentro de mim. Eu não a culpo. Não é uma questão de culpar. Nós podemos perdoar uma à outra e seguir adiante.

Mais cura. Mais partes minhas que voltavam. Mais partes de mim que ficavam em casa. Eu não preciso me abandonar para perdoar minha mãe.

O relacionamento do casal muitas vezes melhora horas depois do resgate da alma. Donna, como muitas outras, deixou de ter tanta raiva de seu marido, ao perceber que a frustração com sua própria vida havia sido transferida para ele. Ela agora tinha o que precisava para criar sua própria felicidade. Recebo informações de casais que pararam de discutir depois que um deles fez o resgate de alma, porque aquela pessoa se torna mais independente e capaz fazer escolhas vitais. Às vezes um dos dois estimula o outro a fazer o resgate da alma para aumentar a possibilidade de crescerem juntos.

Você pode ver como o resgate da alma pode criar efeitos positivos ou problemáticos. Pode ajudar a diminuir o estresse entre pessoas em um relacionamento; ou pode provocar mais estresse, se a mudança no comportamento alterar a dinâmica de um relacionamento ou de uma família em que os demais não desejam mudar também.

INCESTO E ABUSO

É possível que um terço das mulheres e um quinto dos homens que vêm em busca do resgate da alma sejam sobreviventes de incesto ou abuso sexual. Esta é uma parcela significativa da população.

Qualquer tipo de abuso – sexual, físico ou emocional – causa perda da alma. A criança se sente invadida e impotente. A inocência desaparece, e a vida não tem mais a graça típica da inocência. De repente, o mundo se torna um lugar inseguro.

A complexa questão do abuso é frustrante demais para as pessoas lidarem com ela. Para todos os sobreviventes existe uma série de emoções complicadas relacionadas ao passado, incluindo culpa, vergonha, invalidação, amor, ódio e humilhação, entre outros. Conforme a idade e a extensão do trauma, os efeitos podem incluir dissociação ou fragmentação, depressão, desordens alimentares, doenças ou abuso de outros. A fragmentação e a dissociação podem ser tão graves que podem acarretar a síndrome de múltipla personalidade. A jornada de cura para essas pessoas pode ser longa e árdua, cheia de lugares escuros e muitas armadilhas.

Se, como nas antigas sociedades tribais, tivéssemos um sentido mais forte de comunidade, o abuso sexual e/ou físico de crianças seria tolerado? Provavelmente não. Esses comportamentos teriam sido controlados unicamente pela pressão do grupo. Mas como não é o caso, uma grande parcela da população está entre os "feridos ambulantes".

Para os psicoterapeutas não é um conceito novo que as pessoas que sofreram abuso "abandonem" seu corpo para sobreviver ao suplício. Os sistemas tradicionais podem trabalhar bem com essa situação. Mas como praticante do xamanismo, que trabalha com abuso sexual e perda da alma, eu vejo como a essência se destaca da vítima, abandona o corpo realmente e vai para a realidade incomum. Freqüentemente essas almas estão assustadas, confusas, tristes e/ou irritadas, e precisam voltar. Enquanto estiverem presas à realidade incomum, o adulto não tem liberdade para seguir adiante. A visão e a energia psíquica não estão presentes para criar uma vida satisfatória. Quando a parte ausente retorna, o cliente pode afinal progredir na terapia e se dedicar a criar uma vida mais saudável.

UM ESTUDO DE CASO SOBRE ABUSO SEXUAL

Karen era uma mulher de trinta e oito anos que nos últimos cinco anos começou a se lembrar de ter sofrido abuso sexual quando criança. Ela fazia psicoterapia e descobriu que isso ajudava bastante, não apenas para lidar com as lembranças que afloravam, mas também para enfrentar a vida diária. Entretanto, sua terapia fracassava ao tentar recuperar sua "criança".

Karen sentia que sua vida estava se despedaçando. Seu casamento se desintegrava. Seu marido era alcoólatra e não podia dar a ela o apoio emocional de que ela precisava naquele momento de sua vida. Ela não sabia como estabelecer limites entre ela e outras pessoas – como saber quais eram seus sentimentos, necessidades e desejos em vez daqueles de seu marido, amigos e família. Karen estava acima do peso. Quando comia, não tinha noção de quando estava alimentada; reclamava de um buraco vazio dentro dela que parecia muito escuro e sem fundo.

Karen estava trabalhando todas essas questões na terapia. Ela queria me contar sua história antes de começar o trabalho. Para mim não é necessário ter essa informação para fazer um resgate da alma, mas Karen achava que era importante eu saber o que ela enfrentava. Ouvir a história de Karen antes de começar meu trabalho criou uma ligação afetiva entre nós, o que sempre torna minha intenção mais profunda.

Minha maior preocupação no trabalho com Karen era saber que havia uma boa possibilidade de que os efeitos do resgate da alma alterassem a dinâmica que ela tinha em casa. Ela parecia muito frágil. Conversamos algum tempo sobre seu sistema de apoio e seu compromisso com a terapia. Eu levantei a questão da mudança e a ruptura temporária que às vezes a mudança acarreta. Sem pré-programar Karen quanto às mudanças, mas apenas falando sobre o conceito de mudança em geral, eu perguntei se ela achava que era o momento correto para uma transformação em seu estilo de vida. Ela disse que estava trabalhando essa questão na terapia, mas que nunca haviam lhe perguntado isso de forma tão direta. Eu a estimulei a respeitar-se, e falei sobre o momento correto. Eu não sou uma pessoa de “empurrar o rio”.

Eu podia ver que a mente de Karen lutava para que ela não chegasse a um ponto mais profundo dela mesmo. Ela disse que minha observação era correta. Ela ouvia "fitas" com velhas mensagens de sua mãe, de seu marido e de outras figuras de autoridade dizendo o que fazer e o que não fazer.

Fiz uma meditação dirigida com ela (veja o exercício no começo do capítulo um) ensinando como distinguir a intuição que vem de um ponto mais profundo, do "ruído mental". Demorou um pouco para ela perceber em seu corpo sinais da verdade, porém ela conseguiu. Sentiu uma sensação de calor em seu corpo quando experimentava uma verdade profunda, em lugar da sensação de aperto no coração e da perda de fôlego quando dizia para si mesma uma mentira.

Resolvemos em conjunto que seria melhor para Karen usar os sinais de seu corpo para decidir se ela estava pronta para o resgate da alma. Ela pediu naquele momento um resgate do animal de poder. Isso seria uma forma segura para prosseguir, porque o animal de poder poderia dar a ela a força e a energia de que precisava para lidar com suas escolhas. Também iria lhe dar experiência para trabalhar comigo e conhecer a sensação de ter o poder soprado em seu corpo. O fato de uma pessoa soprar a alma em seu corpo pode fazer você se sentir muito vulnerável. Soprar um animal de poder no corpo não é tão íntimo, e ajuda a pessoa a ficar mais à vontade com o método. Eu queria ter certeza de que Karen estava trabalhando em parceria comigo e não me via como outro agressor.

> *Quando cheguei ao Mundo Inferior, encontrei meu animal de poder e disse a ele que estava procurando por um antigo animal de poder que esteve com Karen, para voltar e ajudá-la nesse momento crucial de sua vida. Entrei em um bote que eu sempre uso quando estou procurando por um animal de poder perdido. Descemos por um rio comprido e*

largo, rodeado por uma densa floresta. O sol estava brilhando intensamente e o ar estava úmido. Minhas roupas começaram a grudar na pele enquanto eu remava, procurando cuidadosamente animais pelas margens do rio.

Eu ouvi o barulho dos pássaros nas árvores e percebi que alguns animais eram atraídos, olhando com curiosidade a nossa jornada rio abaixo. A jornada foi tranqüila, a água era calma e sem corredeiras. Isso era muito bom, porque eu enjôo facilmente.

Uma girafa aparece na margem, correndo atrás do bote. A girafa evidentemente não está lá por curiosidade; está mantendo um claro contato visual comigo. Mas eu preciso vê-la ou algum detalhe dela quatro vezes antes de trazê-la para Karen. A aparição da girafa quatro vezes significa que ela concorda em voltar para Karen. Então eu vejo uma águia no céu, gritando em minha direção. Depois, um grupo de elefantes começa a caminhar do meio das árvores. Eu remo calmamente e olho. Pelo canto de meu olho esquerdo, vejo outra girafa na margem esquerda. Depois, mais uma girafa se junta à segunda girafa. Finalmente, uma quarta girafa dá um grande salto da margem direita para a canoa, balançando-a perigosamente por alguns minutos. É um sinal claro da intenção e do compromisso da girafa. Sem perder tempo, remamos rapidamente de volta. Nosso bote chega à margem e a *girafa e eu voltamos à realidade comum por meio do meu túnel. Apertando-a contra meu coração eu sopro a girafa para dentro de Karen.*

Karen sente um grande calor passando por seu corpo. Eu digo que o calor é sinal de poder. Quando eu lhe conto que uma girafa veio trazer o poder, ela sorri diante da idéia de ter uma girafa como animal de poder, mas gosta muito. Como a girafa concordou em voltar para ajudar Karen, não havia nada que ela precisasse fazer, a não ser dar as boas-vindas e saber que a girafa estava lá para protegê-la e lhe dar força.

A essa altura, decidimos encerrar nossa sessão. Havia-se passado duas horas na realidade comum. Eu disse a Karen que ela podia me ligar se quisesse prosseguir com o trabalho.

Duas semanas mais tarde eu recebi uma ligação de Karen dizendo que ela estava pronta para o resgate da alma. Quando Karen voltou, eu perguntei se ela poderia me dizer claramente, com base na verdade, que ela estava pronta para que sua alma retornasse. Ela me olhou, encarou-me e respondeu que sim. Ela também disse que tinha falado com seu terapeuta sobre o que iria fazer e que ele estava pronto para ajudá-la com qualquer coisa que pudesse surgir como conseqüência de nosso trabalho.

Eu chamei os espíritos auxiliares e concentrei o poder cantando minha canção. Quando não me sentia mais presente na sala, deitei ao lado de Karen.

Minha entrada na realidade incomum é rápida. Sou levada muito rapidamente para o Mundo Superior. Chego lá com uma luz ofuscante e vejo Karen como uma criança de três anos de idade, em pé, na luz. Na verdade parece que ela está de mãos dadas com a luz. Ela é forte. Tem uma presença poderosa, e eu vejo claramente por sua postura, pelo olhar penetrante em seus olhos castanhos, que ela tem uma vontade muito forte. Eu me apresento para ela.

– Karen, meu nome é Sandra, e eu sou uma amiga que gostaria de levar você para casa.

– Eu sei quem você é – ela responde.

Ela é uma garotinha durona!

Sua voz desafiadora me faz rir.

– Sabe, bem que você poderia ajudar a Karen. Ela se esqueceu como brincar, e sente falta do poder, da força e da vontade que ficaram com você. Ela se sente vazia sem você.

– Está bem, eu volto, mas as coisas precisam ser diferentes ou eu vou embora de novo. Você sabe que eu sei como ir embora... – disse ela.

– Eu sei que você sabe, Karen – eu respondo. – E obrigada por tentar.

– Mas nós não podemos voltar até encontrarmos a de treze anos.

– Você sabe onde ela está? – pergunto.

Karen pega minha mão e me puxa da luz para o Mundo Intermediário, sem hesitar. Eu gosto dessa criança e admiro seu poder. Chegamos a uma alma que parece Karen aos treze anos. Ela está flutuando sem direção pelas estrelas, acompanhando a terra num movimento circular. Ela tem um olhar confuso.

– Karen – eu chamo. – Ela continua a flutuar sem direção, sem reagir à minha voz. A Karen de três anos segura sua mão e a faz parar repentinamente. Eu gosto dessa menina. Eu quero acompanhá-la por algum tempo; acho que ela tem muito a ensinar.
Então, a pequena Karen me conta a história daquela de treze anos. "Quando Karen ficou menstruada e seu corpo mudou, ela ficou muito confusa. Tinha medo do que poderia acontecer depois".
Eu compreendo o dilema. Vi isso em muitas mulheres, especialmente com aquelas que foram abusadas sexualmente. O medo de se transformar em uma mulher sexualizada é opressivo, e o fato de a pessoa não querer entrar nessa fase da vida freqüentemente provoca a perda da alma. Eu encaro a garota de treze anos e lhe explico que ela terá muitos dons maravilhosos como mulher, e que existem pessoas em casa que vão ajudá-la. A Karen de três anos olha para ela com um brilho nos olhos e diz:
– Você volta para casa comigo?
A Karen de treze anos concorda, e nós percorremos o céu à velocidade da luz. Eu aperto as duas partes no meu coração e as sopro de volta em Karen.

Depois de dar as boas-vindas a Karen, eu lhe conto sobre as garotas de três anos e de treze anos. Eu descrevo força e poder, ela começa a rir e chorar ao mesmo tempo. Ela diz:

– Eu conheço essa garotinha.

Depois, agradece-me por trazê-la de volta. Ela também conseguiu assimilar bem história da menina mais velha e se comprometeu, fazendo-me de testemunha, a trabalhar a questão de ser totalmente mulher.

Com a firme determinação da criança de três anos ajudando em seu difícil trabalho, Karen progrediu muito. Seu lado criança ensinou-a como e quando dizer sim e não aos outros, ao longo de sua vida. Com o tempo ela começou a perceber melhor quem ela era, independentemente do resto do mundo. A princípio, essa diferença de Karen criou um problema no seu casamento porque a dinâmica do relacionamento mudou. Mas então o marido de Karen começou a fazer terapia para trabalhar suas próprias questões de poder. Por fim, eles começaram a fazer aconselhamento matrimonial. Karen espera que um dia ele esteja aberto o bastante para resgatar sua própria alma, porém ela respeita sua necessidade de tempo nesse aspecto.

À medida que Karen recebeu sua alma de três e de treze anos, sua vida adquiriu novo significado. Ela sente um forte desejo de criar uma vida positiva para suas crianças perdidas. Elas preencheram uma necessidade dela que era ocupada por comida, e ela começou a perder peso naturalmente.

Conforme Karen perdia peso, a questão de ser uma mulher atraente passou para o centro de sua terapia. Ela também resolveu fazer exercícios para ajudar a liberar as antigas lembranças em seu corpo e despertar sua consciência de estar “dentro” de seu corpo. A princípio, essa mudança foi bastante assustadora. Ela esteve afastada das sensações físicas durante tanto tempo, que a nova energia que sentia era forte e opressiva demais. Mas Karen tinha o apoio de sua girafa, suas partes de três e treze anos, seu terapeuta, seu marido e meu. Ela estava empolgada com as possibilidades e tinha uma grande vontade de experimentar totalmente a vida, com a nova compreensão que ela obteve com seu próprio trabalho.

Patrice, que sofria de fibromialgia, conta sua história.

> *Eu comecei tendo claras lembranças... mais do que lembranças, elas eram vívidas como se eu realmente estivesse lá. Mas eram boas lembranças. As boas lembranças vieram primeiro, graças a Deus. O que revivi ontem realmente me tocou. Durou cerca de uma hora... era uma época em que eu era conselheira em um acampamento de música quando tinha vinte e um anos. Naquela época, minha doença estava apenas começando, em seus primeiros estágios; eu comecei a perceber que não estava me sentindo muito bem. Eu percebia quando andava (eu revivi isso na minha caminhada matinal) que muitas partes da alma tinham ido embora, muito da minha essência tinha partido, e o que mantinha a vida, o desejo de uma vida decente, era meu corpo.*
>
> *A fibromialgia é uma terrível doença muscular causada por uma desordem do sono e é caracterizada por enrijecimento crônico e dores nos músculos, como a que a pessoa sente quando aperta alguma coisa com muita força durante muito tempo. E, na minha caminhada, percebi isso e me*

senti fisicamente como me sentia naquela idade, que é 150% melhor do que agora. Era bom ter aquele vislumbre de saúde relativa. E agora eu realmente compreendo a doença em termos de perda da alma. Minha condição física não foi causada tanto pelo que eu tinha quanto pelo que eu não tinha... minha essência. Ainda tenho muito trabalho a fazer nesse sentido, mas estou trabalhando intensamente. Resolvi tentar escrever alguns artigos sobre essa questão, especialmente do ponto de vista da fibromialgia e do ataque sexual. Eu li muito sobre esse problema, mas ninguém fez nenhuma ligação entre os dois, o que me deixa espantada. Noventa por cento das pessoas com esse problema são mulheres; uma em cada três mulheres foi molestada.

Numa noite, ao deitar, também percebi uma coisa comovente. Falei com as minhas partes e as coloquei na cama (ultimamente eu tenho sido uma mãe dedicada). Quando falava com minha parte de cinco anos, sussurrei espontaneamente "agora é seguro dormir". Foi aí que percebi que talvez seja por esse motivo que eu não fui capaz de dormir profundamente durante anos – não era seguro. E então me lembrei de ter medo de dormir quando criança, porque não sabia quem podia entrar em meu quarto. De qualquer forma, surgiram muitas lembranças e eu consegui muitas realizações nesses últimos dias.

Depois de ter feito seu resgate da alma, Suzane me escreveu:

Desde o meu resgate da alma, tomei a decisão consciente de permanecer nesse plano terrestre. O fato de sermos espíritos tem um grande significado para mim. Eu estou transformando lentamente aquele espírito em material. Por ser capaz de tomar a decisão consciente de estar viva, sinto que tenho uma segunda chance que poucas pessoas têm. Eu renasci – tendo a mim mesma e a Deus como pais.

No momento eu me sinto como um bebê recém-nascido vulnerável, excitado e assustado, mas desta vez eu tenho vinte e tantos anos de história para me dar força e conhecimento.

Alguns meses atrás, recebi um telefonema de uma mulher que fez o resgate da alma com um de meus alunos. Ela é sobrevivente de um incesto e passou anos em terapia tentando, sem sucesso, resgatar as lembranças de sua experiência. Ela dizia que não conseguia se lembrar, não conseguia reviver detalhes da experiência, inclusive o ato em si. Ela queria que eu soubesse que depois do resgate da alma, as lembranças finalmente voltaram de uma forma muito delicada e ela teve força para lidar com elas. Eu acho que isso ocorre muitas vezes, porque o Universo realmente está lá para nos ajudar e curar, em vez de estar lá para nos “pegar”.

Garotinha, criancinha, onde você está?
Pernas marrons, pés duros, mãos que nunca são
Grandes o bastante
Cabelo louro e rebelde
Olhos castanhos que não conseguem ver
E uma mente que pode te levar para longe
Onde você foi
Você levou algo de que eu preciso
Você se escondeu muito bem
Eu tento há muito tempo abrir um caminho
Para que você retorne
Acho que agora é seguro
E eu quero conhecer você.

Anônimo

capítulo 10

a vida após o resgate da alma

Se você realmente quer ajudar este mundo, você precisa se ensinar como viver nele.
Joseph Campbell, *em uma entrevista a Bill Moyers*

O corpo humano, por si só, está em um contínuo estado de morte e renascimento, desfolhamento e novo crescimento. A pele velha escama constantemente e cresce uma nova. Nossos ossos eliminam antigas fraturas e se regeneram. Nosso sangue carrega as toxinas para que os órgãos possam eliminá-las do corpo, e o novo sangue circula alimentando esses órgãos. Quando há uma ruptura nesses processos, surge uma doença. Nós temos um ego e uma psique que fazem parte de nosso ser. Nossa psique constantemente trabalha e muda durante o sonho. O ego, cuja função verdadeira é perceber o tempo e o espaço para nós, tornou-se complexo demais e nem sempre acompanha o fluxo da vida. A vida é mudança, mas muitos de nós acreditamos que o ego conserva a dor, o medo, a raiva e as mágoas, quando deveria liberá-los e continuar a fluir, crescer e evoluir como todos os demais sistemas.

Sempre que a energia fica "estagnada", ela provoca uma doença. Se a alma for embora e o ego ficar estagnado no momento traumático, o ser não estará mais em harmonia e surgirá uma doença. Seja física, emocional ou espiritual, o ser vai apresentar algum problema por estar estagnado. A depressão ocorre quando a energia pára de se movimentar. Quantas vezes você conseguiu alterar um estado de consciência problemático movimentando fisicamente seu corpo – exercitando, caminhando ou correndo – para que sua energia volte a fluir?

Uma vez que a alma tenha retornado, é hora de o ego e o corpo saírem daquela estagnação para nos ajudar a movimentar e evoluir para voltar à harmonia com toda a vida. Neste capítulo discutirei a vida após o resgate da alma. Como podemos usar o xamanismo, os rituais, a psicoterapia e o trabalho corporal para ajudar uma pessoa a liberar a dor, que faz parte da natureza, a descartar e crescer, e assumir o seu lugar de direito sobre a Terra? Como nossas recém-recuperadas partes da alma podem atuar como aliadas para criar uma vida completa? Não podemos nos encaminhar para uma maneira adulta de ser, se estivermos presos na infância. Precisamos viver plenamente no presente.

O resgate da alma não é uma forma de terapia que nos mantém presos ao passado; é um passo para fechar as portas dos lugares da vida que impediam nosso crescimento e evolução. Mais do que isso, eu não tenho intenção de ensinar um método que faz com que os adultos ajam como crianças pelo mundo afora. A chave é a parceria. Como fazemos para nosso corpo, mente, espírito e todas as partes de nossa alma trabalharem juntos com um objetivo comum – viver conforme nosso mais elevado potencial? Nunca é demais repetir a importância de continuar a trabalhar com as partes que foram trazidas de volta. Essas partes estiveram longe durante anos, e quando retornam, precisam ser ouvidas. Elas voltam como aliadas, trazendo muitas informações.

IMAGINAÇÃO E VISÃO

Tempos atrás, estava em uma jornada apenas para me conectar e "passear" com meu animal de poder. Eu não quero abusar do meu relacionamento com ele, procurando-o apenas para pedir informações. Estamos juntos em meu lugar de poder no Mundo Inferior, fazendo um piquenique. De repente ele começa a me falar sobre Walt Disney. Ele disse que o trabalho de Walt Disney era o de ampliar a mente e a imaginação das pessoas. É necessário ampliar os limites da imaginação, por exemplo, para aceitar a imagem de um violão que canta e anda. Para a mente lógica essa imagem não faz qualquer sentido. Walt Disney tentava ensinar as pessoas a imaginar.

Como podemos desejar um corpo, mente ou planeta saudáveis se não conseguimos imaginá-los? Por causa da tecnologia atual – programas de televisão e filmes, que não aguçam muito a imaginação – deixamos adormecida nossa capacidade de imaginar. Eu acredito que a melhor maneira de ver o extremo do que ocorre quando perdemos a capacidade de imaginar e sonhar, é olhar para os adolescentes. Nós vemos na verdade um grupo que perdeu sua alma, e uma das grandes razões é que eles não conseguem visualizar seu futuro pessoal ou um futuro brilhante para o planeta.

Trazer de volta a criança por meio de um resgate de alma restaura nossa capacidade de imaginar. Então nós começamos a usar a visualização criativa para manifestar nossos sonhos assim como nossa saúde. Mas precisamos encontrar uma maneira de conservar as linhas de comunicação abertas com essas partes recuperadas.

A ALMA RETORNA COM DONS E CONHECIMENTO

Uma parte da alma pode retornar trazendo o conhecimento que a pessoa necessita – por exemplo, como confiar, amar, escrever, criar, brincar ou ser autoconfiante. E como o cliente pode fazer contato com a parte que retornou de forma que ela fique sintonizada com ele? Se a parte que retornou foi embora por se sentir abandonada, como podemos dar amor suficiente para que ela fique e possamos permanecer inteiros?

A maneira como eu lido com isso na minha própria vida e no trabalho, é fazer uma jornada até essas partes. Eu reúno o animal de poder ou o mestre do cliente na realidade incomum com as partes retornadas da alma. Ali eles podem conversar entre si, descobrindo quais são as mudanças necessárias para a integração.

Muitos de nós já vimos como algumas formas de orientação podem ser eficazes para criar mudanças em nossa vida, talvez pela experiência pessoal ou presenciando um amigo ou membro da família que passe pelo processo. A experiência mostra que o trabalho é muito mais rápido e profundo se for acrescentado o componente espiritual do resgate da alma. Já vimos em diversos estudos de casos como as pessoas foram capazes de resolver algumas questões e se livrar de padrões de comportamento que as perseguiam. Lembre-se da terapeuta dinamarquesa que relatou que, depois do resgate da alma, a maioria de seus clientes deixava de assumir o papel de "vítima".

CRESCIMENTO

Uma das diferenças entre o estado de ser do adulto e da criança, é que a criança é dependente dos adultos para sua segurança e sobrevivência física. Conforme nos tornamos adultos, adquirimos a capacidade de criar nossa própria realidade. Até certo ponto as crianças também podem fazer isso, afinal elas estão crescendo, estabelecendo uma identidade individual e aprendendo sobre a natureza da realidade de uma forma diferente daquela dos adultos. A partir da informação reunida ao longo da vida, com imaginação e crença, os adultos têm a oportunidade de fazer escolhas que os trazem para mais perto da realização de seus sonhos. Mas isso também exige vontade de ser responsável e poderoso. Ensinando e trabalhando com as pessoas, descobri que o poder se tornou uma grande "batata quente". Para quem eu posso passá-la, para que não precise segurá-la? Para quem eu posso dar o meu poder? A quem posso transferir a responsabilidade pela minha vida, meu comportamento, meus problemas? Toda vez que liberamos nosso poder, liberamos nossa energia; damos um pedaço de nossa alma.

ESCOLHA DA VIDA

No início deste livro, escrevi sobre minha própria jornada a partir da escuridão. A Terra não era um lar para mim, e durante anos eu sofri para viver aqui. Meu próprio resgate da alma foi um milagre! Eu não tinha expectativas sobre o que aconteceria. Estava apenas tentando ensinar o método para Christina e me ofereci como alguém para ela praticar. Ter minha alma de volta me tirou instantaneamente de uma depressão que durava havia mais de vinte anos. Eu não sei por que minha alma partiu; eu só sei que a minha garotinha voltou. Quando vou para dentro de mim, eu a vejo brincando o tempo todo. Ela até saiu para escrever uma parte deste livro.

Mas a partir de uma posição de completude, aprendi que o ditado "nós experimentamos o que acreditamos" é realmente verdadeiro. Uma vez, em uma palestra, vi um mestre espiritual dizer "a maioria das pessoas acha que acreditamos em nossa experiência. Isso não é verdade; nós experimentamos o que acreditamos". Pense um pouco sobre isso; é um pouco complicado.

Eu acreditava que a vida era difícil demais, e sempre que as coisas corriam bem, o Universo encontrava uma maneira de puxar o tapete. Depois de meu resgate da alma, a vida se tornou muito mais fácil. Eu conseguia ver a beleza ao meu redor, e percebi, com a ajuda dos espíritos, que a vida na Terra é realmente uma dádiva. É por esse motivo que tantos espíritos assumem a forma humana. Os espíritos não conseguem tocar, sentir cheiro ou experimentar realmente a sensação de estar vivo. Por meio da participação paciente dos espíritos auxiliares, assumi o compromisso de estar completamente presente e ter total responsabilidade por minha vida. O que eu descobri, para minha surpresa, é que tudo se tornou mais simples. Descobri que o Universo não estava "contra mim", mas estava ali para me dar o que eu pedisse. Minha fragmentação não apenas causou minha depressão, mas diluiu meu comprometimento de estar aqui. Como meu comprometimento não era forte, o Universo refletia isso de volta, nem sempre me apresentando situações favoráveis à vida. Como eu estava fragmentada, não enxergava nem escutava bem nessa realidade. Raramente estava consciente do meu ambiente, porque estava fora do meu corpo metade do tempo. Eu não estava escutando totalmente e perdi muitos sinais que poderiam ter me ajudado a evitar a tomada de algumas decisões desastrosas.

Com a ajuda de meus espíritos auxiliares tudo isso mudou. Não estou dizendo que não tenho dias ruins – eu os tenho. Mas também tenho os instrumentos para transformar esses dias ruins, se eu assumir uma posição de poder, considerando o poder como a capacidade de transformar a energia. A vida se tornou muito mais significativa e divertida. Eu também aprendi que como adulta posso trabalhar em parceria com os espíritos para criar minhas visões, em vez de esperar por elas, como uma criança faria, para criar minha vida para mim.

O USO DO RITUAL PARA INTEGRAÇÃO E CURA

O ritual é outra forma muito poderosa de ajudar as

pessoas a liberar problemas ou padrões que não lhes servem mais. A natureza do ritual é que ele provoca mudança. Ruthie, por exemplo, recebeu um ritual que o praticante de xamanismo obteve na mesma jornada na qual ele fez o resgate de sua alma. Por meio desse ritual, Ruthie pôde recuperar uma parte de si mesma que estava com seu pai e ao mesmo tempo tirou de seu coração. Seu ritual envolvia trabalho de respiração. Durante 1 minuto, pela manhã e à noite, por um período de dez dias, ela devia trazer seu coração "para dentro", enquanto inspirava, e enviar a parte dele de volta, quando expirava. Ela devia visualizar isso e trabalhar com sua respiração. Depois de dez dias ela devia enviar para ele alguma coisa com um coração e dar para si mesma alguma coisa com um coração. Ruthie fez os biscoitos favoritos de seu pai e mandou para ele em uma caixa em forma de coração. E comprou para si um enfeite de Natal com dois pombos. Ela ainda usa o enfeite todo ano em sua árvore de Natal. O terapeuta de Ruthie deu a ela a armadilha de alma de cristal usada em seu resgate de alma. Ruthie usa esse cristal durante o seu trabalho de visualização e conta que o cristal ainda tem um significado especial para ela.

Seu terapeuta diz que Ruthie lentamente passou a conseguir ser cada vez mais ela mesma. Ela tinha uma personalidade paranóica e uma sensação de que "desapareceria", o que seu terapeuta acreditava estar ligado ao fato de sua alma ter sido roubada. Depois de completar seu ritual, Ruthie está "assentada" e confortável consigo mesma.

Bonnie também recebeu uma tarefa para depois de seu resgate de alma. Seu ritual era muito elaborado. Aqui está a carta que eu recebi dela.

> *Durante o resgate da alma, eu me lembro de precisar repetir continuamente para mim mesma para não "sair da sala". A sala em*

que estávamos tinha uma clarabóia e era fácil eu me distrair, ir para aquele lugar mais claro e me deixar levar. Eu também me lembro de três sensações, como uma espécie de "tranco" interior ou sobressalto, durante o resgate da alma.

Imediatamente depois, experimentei uma sensação de melancolia que durou diversos dias. Uma sensação de não querer ser "mexida" durou talvez um mês ou mais. Eu me sentia frágil e não queria que as partes recém-integradas fossem embora novamente. Eu tinha medo que isso acontecesse, e elas nunca mais quisessem voltar.

Falaram-me para meditar todos os dias durante oito dias sobre a irritação e o ódio, dirigido em algo simbólico que pudesse ser queimado e depois fazer isso. Depois da meditação eu devia me massagear com óleo aromatizado e limão. Decidi colocar a raiva em uma tigela com papel amassado e sálvia.

Na primeira noite, depois do resgate da alma, eu meditei, deixando que uma luz branca fluísse para meu corpo por meio de meu coração e meus ombros. Conforme a luz circulava pelo meu corpo, uma substância escura e grossa começou a fluir de minha mão para o papel e para a sálvia. Gradualmente, a escuridão interna foi clareando e continuou a sair até que eu estava totalmente clara por dentro. As três partes resgatadas de minha alma e eu sentamos juntas, e eu falei com cada uma delas verbalizando meu compromisso de não feri-las. Mostrei-lhes minha casa e elas gostaram.

Então me levantei, fui até a varanda e queimei o papel e a sálvia na tigela, tentando não respirar a fumaça. Depois que o fogo se apagou completamente, espalhei as cinzas pelo quintal. Finalmente, entrei e me massageei com óleo de massagem e limão, cobrindo todo o meu corpo, como se criasse uma barreira.

Durante as oito noites eu cumpri o mesmo ritual, e a cada noite eu notava o progresso da mudança.

Ao fazer a queima do papel e da sálvia a cada noite e trabalhando com o fogo, Bonnie via sua raiva se dissipar. Ela começou a perceber como mantinha a raiva viva, alimentando-a, da mesma forma como o fogo é alimentado. Ela também percebeu, enquanto esperava a cada noite que as brasas se apagassem, que não deveria esperar uma mudança repentina em sua raiva; que ela precisava de paciência. Bonnie prossegue:

Na oitava noite eu vi novamente brotos verdes surgindo por meio das cinzas, e eles pareciam ter crescido e se espalhado. Eu saí para queimar o papel e a sálvia, e eles queimaram como das outras vezes. Então, quando as brasas começaram a sumir, veio um vento, que espalhou a cinzas para fora da tigela, por toda a varanda e pelo jardim

da frente. O vento parecia vir de diferentes direções. Eu percebi que a mudança também vem de qualquer direção, e nos leva para direções imprevistas. Basta estar pronto e ter a vontade. Isso é liberar.
Devo dizer que cada vez que meditava eu me conectava com as três partes recuperadas ou selfs, e conversava com elas ou as segurava. Eu me sentia um pouco estranha, mas isso transmitia o cuidado que eu queria tanto que elas percebessem. Eu pedia desculpas por minha falta de cuidado e por minha irritação com relação a elas, e pelo que elas passaram. A parte de três meses olhava para mim e mantinha contato visual. Aos poucos, as duas mais velhas se tornaram menos irritadas. Mesmo a parte de quinze anos relaxou algumas vezes.
Cerca de oito meses depois, encontrei uma nutricionista, que me disse que se eu não tivesse feito o resgate da alma eu teria ficado doente. Ela também me disse que na tradição nativa norte-americana, quando uma cerimônia é encerrada surge um vento que representa o fim.

DIVERSAS FORMAS DE CURA

O ego não é a única parte de nós que precisa libertar o passado para que possamos seguir adiante. Muitos de nós conservamos os traumas passados em nosso corpo. É possível até se olhar no espelho e ver onde a energia está bloqueada e não circula. Eu descobri que outro método de integrar a alma é fazer um trabalho corporal. Existem tantos sistemas de trabalhos corporais que eu não vou tentar citar todos eles. Alguém pode escolher uma delicada massagem ou uma terapia corporal que exija mais manipulação muscular ou acupuntura, que mantêm o *chi* fluindo (*chi* significa "força vital").

Se estivermos realmente nos encaminhando para integrar o corpo, mente e espírito, devemos dar atenção a todas essas áreas. No caso de doenças graves, podemos também nos voltar para a medicina ocidental, lembrando de não entregar nosso poder para médicos, mas trabalhando em parceria com eles. Temos de reconhecer que nosso corpo pode precisar de tratamento médico para ajudar a liberar a doença.

Nas culturas tradicionais, xamãs e outros que realizavam curas, trabalhavam juntos; eles não competiam. O que pode curar uma pessoa pode não curar outra. Por causa do conhecimento do ser humano ter se tornado tão complexo, o novo desafio passou a ser descobrir qual sistema – ou sistemas trabalhando juntos – terá sucesso para cada pessoa. Não podemos apenas escolher um ou partir para alguma forma de cura apenas para seguir a moda. Eu realmente acredito que se o compromisso e a vontade de assumir a responsabilidade por nossa cura for bastante forte, a cura virá.

PARA EVITAR NOVAS PERDAS DE ALMA

Ainda restam duas questões sobre a vida depois do resgate da alma que precisam ser respondidas. A primeira envolve como evitar uma nova perda da alma. Às vezes a perda da alma é necessária. Se alguém se envolve num acidente de carro ou sofre outro trauma físico, por exemplo, a perda da alma ajuda a sobreviver à experiência. Se a pessoa estivesse totalmente presente durante esses traumas, é possível que ela não suportasse a dor e sucumbisse.

Mas em outras situações podemos ter controle. Se a presença de outra pessoa faz você se sentir drenado, como se a sua energia fosse "sugada para fora de você", então se proteja. Atraia poder para você. Envolva-se em luz ou visualize-se dentro de um ovo azul para criar uma separação entre você e a outra pessoa. Nos relacionamentos e na sua vida, trabalhe para se tornar um adulto. Sempre que possível evite dar seu poder ou energia para os outros. Crie uma comunidade em torno de você, reunindo amigos que tenham um sério compromisso de viver de forma positiva. E lembre-se de que dar uma parte de si mesmo para outra pessoa, não é bom para você nem para a outra pessoa ou para a situação.

DE QUANTOS RESGATES DE ALMA PRECISAMOS?

Uma segunda pergunta que surge diz respeito ao número de resgates de alma que são necessários. Eu não acredito que as pessoas precisem de muitos resgates de alma. Na tradição clássica, o resgate de alma é feito apenas depois que ocorreu um trauma, de uma doença grave ou se a pessoa esteve em coma. Freqüentemente eu preciso trabalhar mais do que uma vez. Isso é verdadeiro mesmo em sociedades tribais, onde o xamã às vezes tinha de trabalhar três dias seguidos pelo paciente.

Ficamos sabendo de clínicas de resgate da alma espalhadas pelo país, onde após um dia duro de trabalho, ou depois de uma discussão com alguém próximo, ou apenas depois de um dia ruim, as pessoas entram em uma fila e fazem um resgate de alma. Mas, sinceramente, eu acredito que uma vez que você tenha partes significativas de você mesmo, o restante vai fluir. Acho que a maioria das pessoas não precisa de muitos resgates de almas. Depois de um ou dois, a maioria das pessoas têm de volta o que precisa para vivenciar a concretude em sua vida. Dependendo da condição da pessoa – uma grave doença física, um estado psicótico ou os efeitos posteriores de um trauma extremo – o prosseguimento do tratamento pode exigir mais trabalho.

TODO MUNDO PRECISA DE UM RESGATE DE ALMA?

Acredito que todos nós sofremos algum tipo de perda da alma durante o curso de nossa vida. Mas isso não significa necessariamente que todos nós precisamos de um resgate de alma. As questões que precisam ser consideradas são essas: você sente que existe um problema significativo com a forma como sua vida funciona? Você luta com os sintomas descritos no capítulo um? Eu recomendo que as pessoas busquem a cura se houver um problema. Todos nós podemos trabalhar para criar uma vida melhor para nós mesmos, mas uma técnica específica de cura como o resgate da alma nem sempre é necessária para possibilitar a mudança.

A vida depois do resgate da alma se refere a aprender como viver neste mundo. Agora que estamos aqui, agora que estamos em casa, como nos movimentamos pela casa, como a redecoramos e a transformamos em um lugar bonito e confortável? E como atualizamos todo o nosso ser – corpo, mente e espírito – para viver totalmente no presente?

Eis um ritual que você pode tentar por você mesmo. Tudo o que você precisa é uma pequena oferenda aos espíritos. Eu considero oferenda um presente vindo do coração, de forma que se você tem algum pequeno objeto que queira deixar na Terra, seria ótimo. O povo nativo deste país muitas vezes deixa farinha de milho ou tabaco sem produtos químicos como presente. O valor exterior do presente não faz diferença.

Uma vez que você tenha sua oferenda, vá a algum lugar da natureza. Pode ser o seu próprio quintal ou um parque. Respire profundamente e centre-se. Erga as mãos para o alto e imagine-se abraçando o sol com eles. Feche os olhos, respire profundamente e experimente-se tão completamente quanto conseguir no momento. Depois de fazer isso, abaixe-se e encoste a palma das mãos na terra, sentindo o chão sob você. Sinta o grande poder da terra ligando-se à palma de sua mão. Feche os olhos outra vez, respire e sinta totalmente a experiência. Quando você se sentir completo, deixe sua oferenda no chão e agradeça aos espíritos por sua vida.

Sente-se no chão, feche seus olhos e respire, simplesmente sentindo a si próprio. Pode vir à mente uma canção, ou uma dança, ou não surgir nada – apenas vivencie o momento.

Nós agradecemos à Terra
Nós agradecemos
Sob a macieira
Nós agradecemos
Na aurora e ao sol poente
Sobre águas azuis
Nós agradecemos
Com tabaco
Nós agradecemos
Com milho azul
Nós agradecemos
Nossas almas estão vindo
Sobre as montanhas
Sobre o arco-íris de luz
Na respiração de tigres
Nossas almas estão vindo
Nós devolvemos as almas que pegamos
Recuperamos as almas que entregamos
Reunindo-as em nossos braços
Nós agradecemos
Por nossas almas
Por nossas crianças
Nós agradecemos

Ellen Jaffe Bitz

capítulo 11

preparação para o retorno de sua própria alma

Se você pode sonhar, você pode realizar.
Walt Disney

Este capítulo inclui alguns exercícios que vão prepará-lo para auxiliar na jornada de sua própria alma. Fazer qualquer tipo de jornada ou meditação pode ajudar a criar grandes mudanças em sua vida se a sua psique estiver trabalhando com você, em vez de trabalhar contra você. Para ter o apoio de corpo, mente e espírito para seguir adiante com sua vida, às vezes você precisa pedir ajuda.

Quase todo mundo tem consciência do poder que nossos sonhos têm para nós. Os sonhos oferecem a chave para abrir uma parte da riqueza e complexidade de nosso próprio inconsciente. Ao lado de uma compreensão da psique, nossos sonhos podem oferecer uma oportunidade para pedir ajuda a ele.

Existe uma maneira de fazer seus sonhos trabalharem para você. Antes de realizar cada um dos exercícios deste capítulo, programe-se ao ir dormir na noite anterior. Aconchegue-se confortavelmente. Sinta sua cabeça no travesseiro e respire profundamente algumas vezes. Agora diga para você mesmo: "Amanhã eu farei um exercício que vai me ajudar a ser mais criativo em minha vida. Eu peço ajuda de meu inconsciente para podermos trabalhar juntos na preparação de todo o meu ser durante a noite, para que amanhã eu possa estar aberto a uma experiência bem-sucedida".

Uma parte importante da integração do resgate de minha própria alma foi escrever este livro. Para realizar este longo, e às vezes assoberbante projeto, dei um incrível salto de consciência. Neste capítulo você pode vir comigo em algumas das minhas jornadas para ver o que eu aprendi pelo caminho: como trabalhar com minha atitude e minhas crenças, como trabalhar em parceria com os espíritos e como me conectar comigo mesma o bastante para ser capaz de "fechar meus ouvidos grosseiros e abrir meus ouvidos finos[1]" para criar algo de belo na minha vida.

Eu sou o tipo de pessoa que só consegue ensinar a partir de sua própria experiência. Ensinar me dá mais prazer do que qualquer outra coisa e, por esse motivo, eu tive de enfrentar os bloqueios, os problemas e os demônios internos e externos que todos nós enfrentamos em nossa jornada pela vida. Eu espero que neste capítulo você possa aprender, a partir da minha experiência, como criar um caminho para si mesmo.

Este capítulo foi escrito especialmente para ajudar aqueles que desejam trabalhar mais profundamente. Pode ser que você ainda não esteja pronto para explorar o xamanismo. Talvez não esteja pronto para resgatar a sua alma. Este capítulo contém algumas ferramentas para prepará-lo para o retorno da sua própria alma e pode fazer diferença em sua vida, mesmo que você decida não prosseguir com o xamanismo ou com o resgate da alma.

Se você acha que já foi longe o bastante na jornada de sua própria alma, sempre há a possibilidade de ignorar o restante deste capítulo. Mas se sua vida não está indo tão bem quanto poderia, leia, e talvez você encontre um ou dois pedaços que estão faltando. Ou talvez todo o capítulo seja importante para você.

Se você já trabalhou com xamanismo e com a jornada xamânica, eu recomendo formas de viajar até o seu próprio animal de poder para pedir ajuda. Se você faz meditações dirigidas na sua vida, você pode criar a sua própria, com base no objetivo de cada exercício. Se nunca praticou essas técnicas, fique à vontade para usar os exercícios que eu sugiro.

É provável que você prefira a segurança da sua casa para realizar os exercícios. Encontre um momento em que você possa ficar sozinho e tranqüilo. Ou talvez você fique mais confortável lendo os exercícios e depois fazendo uma caminhada, para permitir que enquanto você se movimenta possa aflorar qualquer idéia necessária. A meditação em movimento apresenta muitas possibilidades, e se você nunca fez isso eu recomendo que experimente. Muitas pessoas acham que caminhar, dirigir ou mesmo tomar um banho pode ser ótimo para permitir que soluções criativas apareçam.

Não se esqueça de usar o exercício do início do livro, se o "ruído mental" começar a atrapalhar a sua experiência. Pergunte a si mesmo se isso acontece quando a sua mente está dizendo uma verdade ou uma mentira. Se a sua mente está sendo honesta, tente chegar até esse lugar, bem dentro de você, de onde veio a verdade. Se você receber um sinal de que sua mente está mentindo, agradeça por sua opinião e prossiga o trabalho.

RITUAIS E EXERCÍCIOS

Devolução de uma alma roubada

Nas sociedades tribais, o roubo da alma ocorria conscientemente. Na época em que o conceito de "poder sobre" era parte de nossa evolução, o roubo de almas era uma arma na guerra psíquica. Atualmente, o roubo de almas continua, embora em geral inconscientemente. Por que as pessoas participam desse tipo de roubo? Talvez desejem o poder, a energia ou a luz de outra pessoa. Ou tenham ciúmes ou desejem conservar a ligação com outra pessoa. A lista de razões pode ser enorme. O fato é que uma pessoa não pode usar a alma de outra como fonte de poder, energia, luz ou amor. Na verdade, não se pode usar a alma de outro para nada.

Eu acredito que todos nós participamos, pegando e entregando alma em algum nível, e fazemos isso por diversas razões. Mas os resultados são os mesmos: quem recebe fica sobrecarregado com a energia inútil que diminui a velocidade de seu processo, e quem perde a alma sente falta de uma fonte de vitalidade. A esta altura da leitura, você sabe quais são as conseqüências da perda da alma. Se durante a leitura deste livro você teve a forte sensação de estar de posse da alma de outra pessoa, não se desespere. O desafio é não se julgar. Se você não tem certeza se você está com a alma de outra pessoa e deseja verificar, para se sentir totalmente aliviado, darei também algumas sugestões. O primeiro passo é saber se você está com a alma de alguém. Se acha que sim, por favor, não seja muito duro com você mesmo. A idéia é elevar a sua consciência e agir como uma pessoa responsável neste planeta, que é o seu lar.

Se você sabe como fazer uma jornada, faça uma rápida visita ao seu animal de poder e pergunte se você está com a alma de alguém. Se você não sabe como fazer a jornada, sente-se ou deite e respire profundamente algumas vezes para se centrar. Usando o exercício da abertura do primeiro capítulo para distinguir a verdade da mentira, penetre em você mesmo e pergunte se está com a alma de alguém. Você saberá a resposta em um nível profundo. Deixe que surja um sim ou um não. Depois de obter a resposta, verifique. Experimente todas as sensações do corpo que surgem com essa resposta e veja se há uma reação de verdade ou mentira. Não se apresse; lembre-se de respirar. A respiração é a sua força vital se movimentando. Para comprovar informações intuitivas, é importante manter a sua energia fluindo. Continue trabalhando nessa questão até que você tenha uma resposta clara. Se a resposta for não, não se preocupe com o restante do exercício; apenas leia para seu conhecimento.

Depois de comprovar que você está, realmente, de posse da alma de outra pessoa, verifique com certeza de quem é a alma que está com você, fazendo uma jornada ou entrando dentro de si mesmo. Se você estiver usando a jornada xamânica, volte a visitar seu animal de poder e pergunte de quem é alma. Se a essa altura você não tiver um método espiritual para recuperar sua própria informação, sente-se ou deite e tranqüilize-se. Ou talvez você prefira sair e dar uma caminhada. Você pode até tentar tomar uma ducha ou um banho. Talvez exista algo mais que você faça para obter soluções criativas para os problemas. Qualquer método que você use, respire profundamente e pergunte a si mesmo “de quem é alma que eu tenho comigo?”. Não se apresse; leve o tempo que for necessário. Se você não encontrar uma resposta na hora, tente no dia seguinte. Você pode descobrir que um determinado momento do dia é melhor do que outro para realizar esta etapa. Talvez a parte da manhã seja melhor, antes que as distrações do mundo atrapalhem. Ou você pode tentar fazer isso naquele estado de relaxamento imediatamente anterior ao sono. Às vezes, fazer exercícios ou alguma outra atividade pode estimular a orientação interior. Eu tenho algumas revelações maravilhosas enquanto estou limpando, aspirando ou esfregando.

Às vezes, o simples fato de reconhecer que você está com a alma de outra pessoa é o bastante para libertá-la e mandá-la de volta. Em meus *workshops* de treinamento sobre o resgate da alma, eu peço que as pessoas façam uma jornada para explorar essa questão. Eu sugiro que peçam ao animal de poder um ritual simples para devolver a alma. Eu repito "simples" porque alguns dos rituais mais poderosos de que eu participei eram curtos e objetivos. Lembre-se, a intenção é a base do ritual. Fique à vontade para fazer um ritual mais longo e complicado; entretanto, não é necessário um ritual complexo para "fazer o serviço". Ao longo de todo o processo, lembre-se de permanecer em um estado de compaixão por si mesmo e por todas as pessoas envolvidas na questão.

Agora que você sabe de quem é a alma que está com você, o passo seguinte é devolvê-la. A pessoa cuja alma está em seu poder pode estar viva ou não; este processo funciona nos dois casos. Faça uma jornada até o seu o animal de poder e simplesmente peça um ritual para devolver a alma. Ou se você está usando sua própria orientação interior para obter as informações, escolha uma forma que tenha funcionado para você obter a informação. Peça um ritual que você possa usar para devolver a alma. Você também pode pedir um sonho com a mesma finalidade.

Se o uso de rituais parecer difícil demais e você não souber como fazê-lo, a seguir eu sugiro algumas maneiras de libertar uma alma, surgidas em jornadas de outras pessoas.

• Vá para a natureza e encontre uma vareta. Quebre a vareta, libertando qualquer coisa de outra pessoa que você acredita que esteja com você.

• Muitas pessoas usam cristais de quartzo para devolver almas de diversas maneiras: pegue um cristal de quartzo de que você goste ou compre um. Visualizando a pessoa, sopre a alma para o cristal. Algumas pessoas acreditam que devem dar o cristal à pessoa como presente. Uma outra pessoa recebeu a instrução de dar o cristal para sua filha usá-lo sob seu travesseiro por dez noites. Um dos meus alunos apresentou o seguinte método: segure um cristal em sua mão; olhe para ele; visualize a pessoa (ou sinta a pessoa, entre em contato com a pessoa); e fale diretamente para a alma roubada, dizendo: "Alma de (nome), volte para (nome), pois seu lugar não é que comigo, você pertence a (nome). Então – vá para casa – Deus o abençoe!". Só isso!

• Pegue todos os objetos que pertençam àquela pessoa e que estejam com você e os devolva.

• Construa uma pequena fogueira de sálvia. Coloque um pedaço de sálvia no fogo para cada parte de alma que você tem, dizendo: "Eu liberto você. Volte para a pessoa a quem pertence". Quando todos os pedaços de sálvia tiverem queimado, jogue água para apagar o fogo e espalhe as cinzas fora de casa.

• Use o trabalho de respiração. Quando inspirar, pense na pessoa para quem você está enviando a alma. Quando expirar envie intencionalmente a alma de volta.

• Dê à pessoa um presente que, para você, seja uma representação da alma.

• Meu método favorito é telefonar para a pessoa e, durante a conversação, apenas soprar a alma dela pelo telefone (isso dá um novo significado ao slogan: "Ligue e comova alguém").

Estas são apenas algumas sugestões que você pode experimentar se ainda não houver criado seu próprio ritual. Você também pode usá-las como base e alterá-las para criar o seu próprio ritual. O verdadeiro poder do ritual não está no que você faz, mas no fato de fazer com o coração.

Eu fico impressionada com os resultados que as pessoas relatam depois de executar este procedimento. Elas recebem informações da própria pessoa que teve a alma devolvida, de que alguma mudança aconteceu em sua vida ou em sua energia. As pessoas que receberam a alma raramente sabiam o que havia sido feito; elas sabiam apenas que algo estava diferente. Aqui está uma história que eu recebi:

> *Durante esta jornada eu viajei para o Mundo Inferior. Quando passava pelo túnel, relutei, como se não quisesse realmente chegar ao outro lado... eu sabia o que encontraria do outro lado – que, sim, eu era um "ladrão" de alma, e eu não queria devolver a parte da alma que estava comigo.*
>
> *Por fim, cheguei ao fim do túnel e meu animal de poder, o lobo, veio me encontrar, segurou meu casaco com os dentes e me puxou para o Mundo Inferior. Então ele segurou com mais força e me girou tão rápido que eu fiquei desorientada. Eu sabia que ele estava fazendo isso para me confundir e diminuir minha racionalidade.*
>
> *Outro dos meus animais de poder, a águia, apareceu de repente, pousou em minha cabeça e arrancou os meus olhos. Isso me aterrorizou, mas eu permaneci quieta. A águia, levando meus olhos, deu-me os delas e disse que fazia isso para que eu pudesse ver mais claramente.*
>
> *Então, passou pela minha mente uma*

grande lista de pessoas que eu conhecia – vivas e mortas. O único pedaço de alma que eu tinha pertencia a Joe. Ele era um antigo namorado, agora um bom amigo. Vendo com os olhos da águia, eu percebi que tinha um pedaço de sua alma.
Recebi a mensagem de que para devolvê-la eu devia soprar o pedaço de alma em um dos meus cristais favoritos – ou em uma pedra adequada que eu encontrasse – e deveria dar o objeto para ele com a parte da alma. Eu não deveria dizer a ele o que era aquilo, apenas que era um presente, um cristal especial. A mensagem dizia claramente que eu deveria devolver a ele a parte de sua alma especificamente naquele cristal, embora outra pedra também pudesse servir.
Quando a jornada terminou, pensei em dar a ele o cristal, mas decidi fazer uma nova jornada para obter um outro método para devolver sua alma, pois eu não queria me desfazer do cristal. Embora eu tenha recebido uma opção nessa jornada, ela parecia não estar encerrada. Eu também decidi procurar por uma pedra "adequada" na praia, mas não encontrei nenhuma que parecesse correta.
Ao voltar para casa, olhei para o cristal que havia sido indicado para eu devolver com a sua parte da alma. Era um cristal incomum, que tinha seis lados completamente simétricos, em uma configuração singular.

Eu não queria usá-lo, então precisava encontrar um outro que pudesse usar para transportar a parte da alma até ele.

Decidi fazer uma outra jornada para descobrir um objeto alternativo.

Em uma jornada posterior, minha intenção era saber se havia opções para o método que eu deveria usar para devolver sua alma. Durante essa jornada, recebi diversas opções, embora ainda houvesse uma forte mensagem indicando que eu deveria usar especificamente aquele cristal que me haviam mostrado.

Eu ia ver Joe na noite de quarta-feira, depois da minha jornada, em uma aula. Como geralmente depois da aula vamos conversar e tomar café ou comer alguma coisa, resolvi que aquele dia seria um bom momento para devolver a parte de sua alma que estava comigo havia tanto tempo. Eu tinha três dias para decidir o que usar como transmissor.

Na noite de terça-feira, encontrei um pequeno "ovo" de quartzo opaco polido com belos reflexos de cobre. Para mim, parecia o veículo perfeito para transferir a parte da alma. Joe gostava de quartzo opaco; o ovo simbolizava uma nova vida; e o rutilo no cristal aumentava a energia.

O ovo me pareceu correto e eu o comprei. Naquela noite, em casa, fiz um ritual de tocar tambor e chocalho, e soprei a parte da alma no ovo. Coloquei-o em um saquinho vermelho, que Joe havia me dado com um presente no Ano-Novo chinês. O ovo, agora "fertilizado" cabia perfeitamente no saquinho vermelho, como se houvesse sido feito para ele.

Na quarta-feira, depois da aula, Joe, eu e um outro amigo fomos para um restaurante próximo. Decidi entregar o ovo para ele no fim da noite, e sugerir que ele o segurasse em sua mão por um minuto mais ou menos, quando estivesse sozinho em casa. Antes, eu havia dito que tinha um presente para ele.

Quando nós três estávamos sentados à mesa conversando e comendo, ele me perguntou qual era o presente. Eu peguei o saquinho vermelho da minha bolsa e passei para ele dizendo: "Eu tenho uma coisa que eu quero devolver para você. Aqui está o saquinho vermelho que você me deu no Ano-Novo chinês com um presente para você". Pedi para ele segurá-lo em sua mão quando estivesse sozinho em casa.

Joe pegou o saquinho vermelho e segurou em sua mão por um instante. Depois, colocou-o sobre a mesa. A curiosidade foi mais forte e ele tirou o ovo do saquinho e segurou-o. Fechou a mão ao redor dele e depois de alguns segundos, enquanto o segurava, ficou muito emocionado. Surgiram lágrimas em seus olhos e ele disse que sentiu que alguma coisa havia sido transferida do ovo para ele – uma energia de algum tipo – e que ele estava oprimido pelo que sentia. Ele estava visivelmente abalado com a experiência. Então, colocou-o de volta no saquinho e o deixou sobre a mesa. Ele quase não conseguia falar. Comentou que sentia necessidade de "integrar com ele mesmo a energia que havia acabado de sentir". Alguns minutos depois, tirou o ovo do saquinho vermelho mais uma vez e, segurando-o na mão, sentiu novamente a mesma forte emoção e as lágrimas voltaram aos seus olhos.

Na manhã seguinte, ele me ligou para dizer que depois de chegar em casa, ele voltou a segurar o ovo e experimentou as mesmas sensações. Era a terceira vez que ele sentia a energia da parte da alma devolvida. E, sem que ele tivesse conhecimento, eu havia soprado por três vezes a parte da alma para o ovo. Esta "ex-ladra" de almas não poderia imaginar uma devolução de alma mais bem-sucedida!

Nem todas essas jornadas têm um efeito tão dramático, mas este relato é um poderoso manifesto. Não questione seu trabalho se você não obtiver os mesmos resultados. Este trabalho pode ser muito sutil e os resultados variam de acordo com a sua sintonia com o *self* da outra pessoa. Basta saber que você tomou uma atitude corajosa se permitindo ser mais você mesmo e libertando o outro para seguir sua própria jornada.

Dê os parabéns a você mesmo! Faça algo de bom por você. Sinta a libertação, experimente-se e note se houve alguma mudança. Mais uma vez, essas mudanças podem ser muito sutis e ocorrerão ao longo do tempo. Preencha-se apenas com você mesmo.

Continue procurando outros pedaços de alma que possam estar em seu poder e devolva-os. Devolver uma alma é uma maneira maravilhosa de trabalhar com sua própria completude. Uma vez eu recebi uma mensagem em sonho: "O maior presente que alguém pode dar a outra pessoa é o poder do livre-arbítrio". Você acaba de dar um grande presente.

Sensação de opressão ao contatar sua própria criança perdida

Às vezes, quando ouvimos histórias de outros, nossas próprias histórias começam a surgir, fazendo com que experimentemos diversos sentimentos. Pode haver um grande alívio quando as peças que faltam de nosso próprio quebra-cabeça começam a se encaixar. Também há um grande alívio quando um problema desconhecido é identificado. No entanto, podemos sentir medo quando nossa criança interior desperta. A criança que vive dentro de nós pode surgir com sua própria história e os medos da criança podem ser experimentados pelo adulto.

Durante a leitura deste livro, você pode ser assombrado por sentimentos ou pode fazer contato com a criança perdida que está fora de você. Saiba desde já que você tem as ferramentas para lidar com o que está acontecendo. Dê um tempo para respirar, experimentar-se e experimentar os sentimentos que surgem. Continue respirando profunda e lentamente. Se não fizer isso, os sentimentos podem se intensificar. Vá para dentro de você mesmo e peça para aquela voz assustada (ou triste, raivosa ou perdida) falar com você. Ouça sua história.

Use mais um momento para se centrar, permanecendo concentrado em sua respiração. Agora, lembre-se a idade que você tem hoje. Entre em contato com essa parte adulta. O seu adulto sabe como cuidar de sua criança, confortá-la e protegê-la. Lembre-se em que ano você está. Lembre-se de que a voz da criança está falando sobre o passado e não sobre o presente. Venha para o tempo presente. Pense e busque dentro de si mesmo as ferramentas de conhecimento que você tem como adulto para confortar sua criança. Não há necessidade de ficar preso aos sentimentos do passado. É importante reconhecê-los, mas lembre-se de que como adulto você tem à disposição opções diferentes daquelas que tinha quando criança. Explique isso para sua criança e console-a. A vida é diferente agora, então assegure para sua criança que você está trabalhando para criar uma vida boa e segura para si mesmo.

É uma excelente oportunidade para você começar a ter uma postura adulta e usar o conhecimento que adquiriu ao longo da vida. Mudar a sua postura com relação ao tempo presente, atualizar-se para a pessoa que você é agora, vai lhe dar uma visão totalmente nova – quem você é, onde está e as opções à sua disposição.

Falando com sua própria criança perdida, você começa a estabelecer as linhas de comunicação necessárias para trazê-la de volta e garantir a ela que agora é seguro voltar para casa.

A LIGAÇÃO CONSIGO MESMO

Quando estamos deprimidos e não conseguimos nos ligar a nossas emoções, estamos desconectados de nós mesmos e de nossa força vital, que precisa fluir. Se estamos desconectados de nós mesmos, não conseguimos ser criativos em nossa vida. Tentamos nos manter dormentes, procuramos coisas externas que nos dão uma falsa sensação de felicidade e segurança, em vez de buscar o que nosso ser interior realmente procura.

Em primeiro lugar, prepare seu espaço de forma que o ambiente ao seu redor ajude-o na meditação. Acenda uma vela ou incenso que tenha um odor agradável. Considere a possibilidade de desligar seu telefone para que o seu momento sozinho não seja perturbado. Você pode usar sua roupa predileta ou vestir cores que sejam agradáveis e calmantes. Encontre um lugar confortável para se sentar ou deitar que o ajude a ir o mais fundo em si mesmo.

Feche os olhos e respire profundamente algumas vezes para se centrar. Experimente o seu entorno. Sinta o ar ao seu redor. Preste atenção no que acontece em seu corpo. Perceba pontos que pareçam tensos, pesados ou doloridos. Onde você sente menos tensão? Onde você se sente melhor em seu corpo? Continue respirando.

Descubra um lugar de seu corpo que pareça tenso ou escolha um ponto que pareça leve. E com sua respiração vá para aquele lugar; continue respirando e apenas vivencie o lugar. Não faça julgamentos sobre suas sensações. Ninguém – nem mesmo você – pode invalidar seus sentimentos. Os sentimentos *são*, e o segredo para transformar sua energia é apenas vivenciá-los. Não resista ou julgue o que aparecer, ou os sentimentos só crescerão para serem experimentados.

Fechando seus "ouvidos grosseiros" e abrindo seus "ouvidos finos", ouça sua voz interior, a voz em uníssono com o espírito de toda a vida. Deixe o sentimento que você está acompanhando em seu corpo ter uma voz e ouça-a.

Continue ouvindo, usando sua respiração como uma corda para descer em uma jornada cada vez mais profunda dentro de você. Pergunte para a voz interior o que é que você precisa fazer para si mesmo agora. Pergunte como ela pode ajudá-lo a suprir essa necessidade. A seguir, peça para a voz dizer uma pequena etapa que você possa cumprir hoje ou amanhã, e que o traga mais perto de preencher aquela necessidade. Agora, use sinais corporais para determinar se a informação que você recebeu é uma verdade ou uma mentira. Continue respirando para acompanhar seus sentimentos; continue conforme a sua curiosidade ou o tempo que você tem. Perceba que sobre todos os sentimentos que você experimenta existem outros sentimentos, positivos ou problemáticos, que estão sendo mascarados.

Se você desejar abordar essa questão por meio de uma jornada, estabeleça claramente sua intenção. Vá até seu animal de poder e peça a ele uma forma de se conectar com você mesmo mais profundamente.

Assim como existem muitos territórios na realidade incomum, existem muitos dentro de nós mesmos. Às vezes, em nossa jornada emocional, experimentamos um lugar de luz onde os sentimentos são ótimos. Outras, encontramo-nos caminhando por um território sombrio, cheio de sentimentos de tristeza, raiva, dor ou sofrimento. Não se deixe prender. Levante-se e caminhe. Continue em movimento. A vida é mudança e movimento constantes. Se você tiver vontade de se movimentar, pode passar da escuridão para a luz. Não se prenda ao lugar onde a sua jornada leva você, dentro de você mesmo. Aprenda a ouvir e experimentar todos os sentimentos, aprenda com eles e, quando estiver pronto, siga adiante.

Conforme continua fazendo isso, você pode começar a descobrir o mapa de quem você é, e onde você pode acessar a força, compaixão, prazer, intenção, intuição interior e ligação com a Terra. Como cada indivíduo é único, você deve olhar para si mesmo para descobrir o lugar dentro de você, um lugar onde você possa encontrar as ferramentas para se manter conectado e ouvindo as informações que podem ajudá-lo a criar e seguir adiante na jornada de sua própria alma.

Crença e postura

Depois de alguns meses escrevendo *Resgate da alma*, ouvi uma voz negativa dentro de mim que falava "Você não sabe escrever. Ninguém quer ouvir o que você tem a dizer. Você está mentindo para o público. Quem você pensa que é, afinal?". Achei que ia enlouquecer.

Decidi fazer uma jornada e ir até o meu o animal de poder e minha mestra na realidade incomum para pedir ajuda. Primeiro, fui ao meu o animal de poder que imediatamente me mandou ao Mundo Superior para encontrar minha mestra. Então eu fui até Isis, minha mestra na realidade incomum, que sempre me ajudou a escrever este livro. Cheguei ao lugar onde ela mora e disse:

– Não consigo escrever o livro.

Para meu horror, em vez da ajuda consoladora e reconfortante que eu esperava, sua resposta foi:

– Tudo bem. Vamos encontrar outra pessoa para escrevê-lo. Esse livro será publicado".

Chocada, olhei para ela enquanto assimilava a informação. Os espíritos são muito espertos e sabem como "quebrar a casca" para nos manter em movimento. E tenho certeza de que você sabe qual foi a minha reação.

– Espere, espere, dê-me outra chance. Vou tentar mais uma vez.

Depois disso, o jeito foi "voltar para a mesa". Eu não tinha ninguém para sentir pena de mim, então teria de buscar dentro de mim mesma os instrumentos para seguir adiante ou desistir do trabalho que era tão importante.

Só apareciam minhas crenças e atitudes que continuavam a atrapalhar minha criatividade. No começo do livro eu falei sobre a necessidade ter intenção e imaginar ou visualizar o que desejamos. Outra chave para a criatividade é a nossa crença e postura de que conseguiremos o que queremos; a força de nossa crença e atitude tanto pode nos levar para mais perto do objetivo quanto nos afastar dele.

Meu próximo passo era fazer uma ginástica mental. Eu me sentia como se alguém houvesse me colocado em uma academia para fazer um programa de levantamento de peso além da minha capacidade. Mas minha intenção era clara, e meu coração estava decidido. O meu espírito me estimulava. Agora minha mente tinha de fazer o trabalho. Eu tinha de pedir que ela começasse a "levantar peso". O que isso significava?

Sempre que minha mente trazia à tona a voz interior, ou mensagens antigas, tipo: "Eu não consigo" ou "Você não é boa o bastante", eu tinha de "erguê-las". A voz estava muito forte! Eu a havia exercitado durante trinta e oito anos. Então, a parte mais fraca de minha mente – aquela que diz "Eu posso e vou fazer, pois isso é uma coisa importante" – tinha de levantar a outra voz mais forte e tirá-la do caminho. Lenta e pacientemente eu fazia o levantamento todos os dias até que se tornou mais fácil.

Ao mesmo tempo, um amigo me mandou um livro, *The magic of believing*, no qual eu vi muitas histórias de como as pessoas se tornavam mais criativas em suas vidas mudando suas crenças. Eu estava definitivamente motivada por saber que pessoas antes de mim haviam tido sucesso mudando sua postura.

Os resultados foram bons em muitos sentidos. Conforme eu aprendia a concentrar minha crença e atitude sobre mim mesma, para me ajudar a escrever, aquela mudança refletia em outras áreas da minha vida. Descobri que quando havia qualquer coisa na minha vida que eu queria criar ou mudar, o fato de estabelecer uma intenção mais clara e uma crença dentro de mim, tornava a tarefa – e minha vida – muito mais fácil. Eu abandonei as forças destrutivas interiores que me puxavam para baixo. Eu não "matei" aquela parte de mim. Em vez disso, transformei a energia negativa que me prendia, em alguma coisa positiva e criativa. Exercitei minha energia para trabalhar comigo, em vez de contra mim.

Devo admitir que quando você decide trabalhar com sua crença e atitude, você está assumindo um grande risco. E se não funcionar? Acreditar que "eu não posso" ou "nunca vai acontecer" é seguro. Mas nada acontece. Você cria uma postura de estagnação, onde pode se justificar dizendo "eu tinha razão. Eu sabia que não daria certo". Assumir o risco é assustador. E se você se arriscar e não der certo? Você se sentirá esmagado e arrasado?

Acredito que ter uma atitude negativa evita que você obtenha o que deseja. Se eu mudo a minha atitude, "vou atrás" e não funciona, ainda estou no mesmo lugar que comecei. De forma que eu também posso tentar, caso funcione. É um risco, mas cada mudança que fazemos em nossa vida envolve risco. Essa é a regra.

Quais são algumas das crenças e atitudes que impedem você de seguir adiante? Para identificá-las, é bom escrever uma lista de todas as razões pelas quais você não consegue fazer alguma coisa ou ter o que quer. Entre bem dentro de você mesmo e pergunte qual a crença que precisa mudar no momento.

Perceba ao longo da semana seguinte, quantas vezes você se pega pensando ou falando para outras pessoas as razões pelas quais não consegue fazer alguma coisa. Altere lentamente essa voz. Esclareça para si mesmo o que você está buscando. Sempre que a voz negativa surgir, faça uma afirmação positiva para rebatê-la. Como exemplo, se a voz diz "eu não tenho condições para fazer isso" afirme a seguir "eu sei que tenho as condições para isso e eu peço à minha mente, ao meu coração e ao meu espírito para me ajudarem".

Outra forma de se ajudar é fazer uma jornada até seu o animal de poder. Pergunte: "Quais são as crenças que me afastam da minha criatividade neste momento?". Uma segunda pergunta para uma outra jornada pode ser: “como eu modifico ou trabalho com essas crenças?”.

Nossa mente é uma ferramenta maravilhosa e a maioria de nós desperdiça uma magnífica fonte de energia enquanto aceita a imobilidade. Para modificar isso, experimente pedir para sua mente ser parceira em sua criatividade e dê a ela como tarefa, algo positivo que você está tentando criar. Se a mente não receber uma tarefa, ela vai ficar repetindo todas as velhas mensagens negativas do passado. Tente dar-lhe o combustível para apoiar sua vida e veja o que acontece.

Intenção e compromisso com a vida

Logo depois de começar a fazer jornadas xamânicas, meu animal de poder disse que eu estava vivendo com um pé neste mundo e um pé na morte, sem ter certeza se eu queria estar aqui. Ele disse que eu tinha de fazer a escolha de viver ou morrer; eu não podia continuar vivendo dividida entre dois mundos. Levei anos para compreender totalmente o que meu animal de poder estava tentando me mostrar. Mas como eu não tinha certeza se desejava viver, o que eu criei na minha vida não podia realmente sustentá-la.

Alguns anos atrás, uma de minhas mestras na realidade incomum me explicou um ritual simples para ajudar nessa questão. Ela me disse para ir todo dia até um lugar da natureza e deixar uma oferenda de farinha de milho ou tabaco na terra, enquanto agradecia conscientemente por minha vida.

Pense em alguma coisa que você pode deixar na terra enquanto agradece por sua própria vida. Ou, se preferir, assim que acordar de manhã agradeça por sua vida. Não importa como você se sinta, mesmo se estiver triste, cansado ou indisposto de alguma maneira, agradeça cada dia de sua vida.

Note se você começa a atrair situações que dão vida

para você mesmo. Perceba quais resistências aparecem em sua opção pela vida. Mas faça uma escolha. O Universo nos dá o que pedimos. Se pedirmos vida, veremos que a vida virá. Verifique se o exercício funciona para você como funcionou para mim.

Se quiser fazer uma jornada para verificar essa questão, você pode se perguntar: "Como eu posso fazer um compromisso total com a vida?".

Você está pronto?

Ao realizar esses exercícios, você pode constatar que a questão de estar pronto aparece. Você está pronto para se sentir completo, receber em sua vida situações de pessoas que dão vida e que são positivas, mudar sua atitude? E o mais importante, você está pronto para abrir mão de sua dor? Se você não estiver pronto, tudo bem. Não se obrigue.

Se você não estiver pronto, sua intenção pode não ser forte o bastante para seguir em frente. Em vez de resistir à afirmação "eu não estou pronto", tente vivenciar os medos, as crenças, toda a variedade de sentimentos que surgem. Vá bem para dentro e pergunte a si mesmo como é aquele pequeno passo que você pode dar amanhã e que vai ajudá-lo a ficar pronto. Você pode também fazer essa pergunta ao seu animal de poder durante uma jornada.

Lembre-se de que pequenos passos para escalar montanhas fazem com que você chegue lá da mesma forma que grandes passos. E os pequenos passos também permitem que você suba a montanha conscientemente, além de se manter em sua faixa de conforto, conservando-se em um estado de equilíbrio e harmonia consigo mesmo.

Eu recomendo que você se conecte consigo mesmo de

vez em quando para verificar se está pronto para abrir mão de sua dor e se sentir completo.

O RETORNO À NATUREZA

A natureza tem muito a nos ensinar e está constantemente se comunicando conosco. Podemos nos voltar para as árvores, as pedras, os animais, a água, o fogo, o vento e o ar para obtermos todos os tipos de revelações em nossa vida. Quando Michael Harner estava aprendendo xamanismo com os índios Conibos do Alto Amazonas, disseram-lhe para se sentar com uma "árvore de poder" em particular. De acordo com os Conibos, esse aprendizado direto da natureza é superior ao aprendizado com outro xamã.

Na visão xamânica do mundo, tudo tem vida. Se você quiser fazer este exercício, deixe-me sugerir uma maneira.

Caminhe em algum lugar da natureza. Se você mora na cidade, vá até seu parque favorito. Escolha um lugar onde você esteja em segurança. Veja se existe ali uma árvore que atraia sua atenção. Do ponto de vista xamânico, é possível que a árvore esteja o escolhendo ao atrair sua atenção. Só que ela não consegue gritar: "Ei, você – venha aqui!". Ela o chama de outra maneira.

Sente-se ao lado da árvore depois de pedir sua permissão. Você saberá se não há problema. Sinta a terra sob você. Feche seus olhos, relaxe e respire expulsando todas as suas tensões e preocupações. Faça isso devagar; não se apresse. Ligue-se ao chão, experimente sua conexão com a terra. Sinta-se sólido e ao mesmo tempo fluido e conectado com toda a vida. Ligue-se com a árvore e experimente-a. Perceba se você consegue se fundir com a consciência e a experiência dela para ver como é ser uma árvore. Experimente como a energia sobe da terra pelo sistema de raízes para alimentar as células do tronco, os galhos, as folhas, as frutas e as flores. A energia precisa ser liberada deixando cair as folhas que não estão mais vivas ou produzindo algum fruto bonito. Perceba como os galhos sobem em direção à luz, estendendo-se para o sol, para a vida. Os seres humanos são muito semelhantes às árvores nesse aspecto. Uma vez me contaram em um sonho "a vida é apenas sementes da luz". Nós também buscamos o sol para receber a vida.

Apresente-se para a árvore. Pergunte se ela tem mensagens ou orientações para você. Feche seus "ouvidos grosseiros" e abra seus "ouvidos finos". A mensagem virá por revelação direta. Você pode sentir a resposta em seu coração, plexo solar ou abdômen, ou pode ouvi-la telepaticamente. Talvez você tenha uma visão ou sinta algum cheiro diferente. Abra todos os seus sentidos para a forma como a informação está chegando. Ela pode chegar como uma mistura das formas que eu mencionei. Continue falando silenciosamente com a árvore até que se sinta completo. Agradeça à árvore por se comunicar, ajudar e ensinar. Você pode sentir vontade de perguntar para a árvore se ela precisa de alguma coisa. Você pode querer deixar uma oferenda ou um presente para a terra, para as árvores e para os espíritos auxiliares.

Você pode continuar essa prática por diversas vezes, falando com todas as partes da natureza que você quiser, seja com um rio ou com o mar, ou qualquer massa de água, sentado sobre uma rocha ou caminhando e se comunicando com qualquer dos elementos. Esses aspectos da natureza estão ali há muito tempo. Eles têm muita sabedoria para nos oferecer sobre eles mesmos e sobre como podemos promover a cura da terra, nosso lar.

epílogo

Foi fora da dinâmica da celebração cósmica que fomos criados a princípio. Temos o objetivo de nos tornar celebração e generosidade, cheios de autoconsciência. O que é o ser humano? O ser humano é um espaço, uma abertura, onde o Universo celebra sua existência.

Brian Swimme, *The Universe is a green dragon*

Praticar o xamanismo envolve a compreensão do conceito de poder e o correto uso do poder. Poder é a capacidade de transformar qualquer energia. Quando estamos completos e com nosso poder, as possibilidades de realização são infinitas.

Alguns anos atrás, meu animal de poder veio até mim em uma jornada e disse "um dia você vai escrever um livro chamado *The art of the wizard*, a respeito da situação da água deste país". Na época (tanto quanto agora) eu estava bastante preocupada sobre a maneira como poluímos nossas fontes de água e a qualidade da água existente. Eu fiz meu curso de biologia, com especialização em biologia marinha, então achei que a mensagem significava que eu devia voltar para a escola e fazer mestrado em biologia marinha. Comecei a pesquisar essa possibilidade. Em alguns sentidos estava aterrorizada só de pensar que tinha de voltar ao sistema escolar, mas percebi que se fosse o próximo passo em meu caminho, encontraria a coragem e a força para segui-lo.

Enquanto considerava essa possibilidade, ministrei um *workshop* sobre xamanismo em Tucson, no Arizona. Lá, um participante me apresentou a um químico do departamento de água. Durante o almoço eu aproveitei a oportunidade para falar com ele e lhe contei sobre a minha jornada. Ele olhou para mim e disse: “Sandra, durante séculos os xamãs restauram o equilíbrio do ambiente. A ciência não vai descobrir como solucionar esse problema. Continue em seu caminho espiritual. É onde está a resposta”. Eu achei que ele estava certo e agradeci por nossa conversa. Percebi que as comunidades nativas norte-americanas podem oferecer respostas e orientação para nossos dilemas ambientais. Um dos exemplos é a forma como os índios Hopi conseguiam fazer chover quando necessário.

Um ano depois, enquanto assistia Michael Harner em um *workshop*, fiz a jornada, quando a intenção do grupo era encontrar um ritual perdido de cura. Em minha jornada encontrei um golfinho muito velho sobre uma enorme rocha, no meio do mar. O golfinho era muito antigo, com aparência de ser do início dos tempos. Ele disse: “O dom que o homem tem e que nenhum outro animal tem é a capacidade de transmitir a luz por meio de suas mãos”. Disse-me para colocar minhas mãos sobre qualquer água que fosse beber e deixar que a luz do Universo passasse por elas para criar água pura para mim.

> *Você pode tentar isso. Antes de beber um copo de água ou comer sua comida, abençoe a água ou a comida colocando suas mãos sobre elas. Mantenha suas mãos ali por trinta segundos a um minuto e permita que a luz passe pelas suas mãos. Note, quando beber ou comer, se você sente alguma sutil diferença em si mesmo ou em seus sentimentos sobre o ato de abençoar.*

Minha disposição de buscar essa informação sobre a cura do ambiente estava um pouco adiantada no tempo. Eu prossigo lentamente, passo a passo, à medida que aprofundo minha própria compreensão do processo de cura.

ESPELHAMENTO

Existe um princípio metafísico que lida com o relacionamento entre microcosmo e macrocosmo que diz: "O que está em cima é igual ao que está embaixo. O que está dentro é igual ao que está fora". Essas palavras falam do aspecto de espelhamento. Vou dar um exemplo. Acordo de manhã me sentindo irritada. Visto-me, pego meu carro e vou para a cidade. Em um grande congestionamento alguém buzina para o carro de trás, gritando obscenidades. Eu chego à cidade e vou a uma loja, onde o balconista é desagradável comigo. Meu mundo exterior começa a refletir o que estou sentindo internamente.

Vamos levar este conceito mais adiante. Se nós, como seres humanos, perdemos nossas almas, é possível que isso se reflita a partir de nosso ambiente? Estamos vivendo em um planeta que perdeu sua alma? Talvez os problemas ambientais que vemos atualmente reflitam nossa própria perda da alma. Será que as doenças que vemos estão refletindo para nós a forma como o planeta perdeu sua alma?

Considere as doenças de deficiência imunológica que nos afligem em proporções epidêmicas: o sangue é a água de nosso corpo. Também estamos enfrentando problemas de poluição da água na terra. Existe alguma relação?

Partindo para a teoria do "centésimo macaco" eu me pergunto se trazer de volta um número significativo de almas pode ajudar a recuperar a alma da Terra, refletindo para nós nossa volta à harmonia.

Se você for um pesquisador da metafísica, talvez deseje me acompanhar em um desenvolvimento dessa teoria. Muitos sobreviventes de experiência de quase-morte relatam se dirigir a uma grande luz ofuscante que pulsa apenas amor. Em minha própria experiência de quase-morte, em 1971, também fui recebida pela luz. Para mim, a luz representava o Pai e a Mãe. Eu comecei a pensar sobre Deus como pura luz. A Bíblia diz que Deus criou o homem à sua própria imagem. Para mim, isso significa que nós somos realmente bolas de luz. Comecei a me experimentar como uma luz rodeada de matéria, o corpo. Somos um corpo; temos uma mente; e temos essa linda luz que brilha em nós, que é o espírito, que nos conecta com o divino.

Muitos de nós sentimos como se tivéssemos sido separados de nosso próprio aspecto espiritual. Sentimo-nos isolados da fonte. Quando seguimos um caminho espiritual, entretanto, podemos nos reconectar com a luz que brilha dentro de nós. Não temos mais que procurar a luz fora de nós mesmos. Quando nos reconectamos com o espírito, o ego se aquieta; nossas barreiras e defesas relaxam; e podemos experimentar como é fazer parte da vida e estarmos conectados ao todo. Perdemos a sensação de estarmos separados de todos os seres vivos e nos sentimos como ar, água, terra, fogo, animais, árvores, plantas, insetos e pedras. Experimentamos uma unidade com nossos amigos e inimigos. Ligamo-nos com o espírito que se move em todas as coisas. Agora podemos beber do fluxo universal e descobrir que temos a força e o poder que precisamos para a cura.

O RESGATE DA ALMA DO PLANETA

Como podemos usar essa energia de forma correta em vez de uma maneira destrutiva? Podemos continuar a trabalhar no nível pessoal como descrevi neste livro. Podemos também trabalhar mais amplamente. Os xamãs tradicionais não trabalham apenas com as doenças do seres humanos. Mircea Eliade sugere:

Uma vez que a doença é interpretada como um vôo da alma, a cura implica trazê-la de volta. Os xamãs imploram à alma do paciente para voltar de montanhas distantes, vales, rios, florestas e campos, ou onde quer que esteja vagando. A mesma convocação de volta da alma é encontrada entre os Karen de Burma, que além disso empregam tratamento similar para a "doença" do arroz, implorando que sua "alma" retorne à plantação. O mesmo método é usado comumente pelos chineses[1].

Xamãs de outras culturas realizam cerimônias de resgate da alma para as plantações.

Os Bare'e Toradja de Celebes têm mulheres ou homens que se fazem de mulheres, que são conhecidos como *bajasa*. Sua técnica particular consiste em fazer jornadas ao céu ou ao submundo. O *bajasa* escala o arco-íris até a casa de Pue di Songe, o Deus Supremo, para trazer de volta alma do paciente. Ela também busca e traz de volta a "alma do arroz" quando ela abandona as plantações, fazendo com que elas murchem e morram[2]. Entre os Dyaks de Bornéu, os homens em geral fazem curas pessoais, enquanto as mulheres são especialistas no "tratamento" de plantações de milho e fazem o resgate da alma das colheitas[3].

Eu espero que possamos aprender com essas sociedades do Sudeste da Ásia e da Oceania, bem como de outras culturas. Podemos fazer resgates de alma para os terrenos que foram traumatizados por radiação nuclear ou poluição química. Podemos fazer resgates de alma para águas poluídas e terras onde as florestas foram derrubadas.

Acredito que todos já estivemos em lugares do planeta

onde “sentimos” que o lugar não tem alma. Isso significa que esse local perdeu sua vitalidade, sua força vital e energia. Podemos usar o que sabemos sobre o resgate da alma para criar um ritual de cura. Se você sabe fazer uma jornada, você pode perguntar como fazer um resgate da alma da terra, da água, do ar. Se você não sabe fazer uma jornada, procure em seu coração um ritual ou uma cerimônia de cura. Lembre-se de que as chaves são a intenção e o objetivo, colocando seu coração no trabalho, comprometendo-se com o que está fazendo e confiando que a cura virá. Quando decidimos trabalhar dessa forma, precisamos ser responsáveis pelo ambiente, uma vez que a cura é atingida.

LEMBRE-SE DO CÍRCULO

Se você vai viver neste planeta e realmente celebrar a vida, então é hora de voltar para casa. Antes de ministrar um *workshop* de resgate da alma, faço uma jornada para pedir orientação sobre o que vou ensinar; recebo a mesma resposta em todas as jornadas. Meu animal de poder sempre diz: “Lembre-se, isso é uma comemoração!”.

Vamos pegar a energia que criamos neste livro para formar um círculo. Imagine-se como parte de um grande círculo planetário comprometido com a vida e a completude. E imagine que você está de mãos dadas com outros como você, que estão procurando a completude e a cura para si mesmos e para os outros. Sinta o poder que vem das mãos das pessoas que pensam da mesma forma. Se você não conseguir sentir, imagine. Saiba que, passo a passo, estamos trabalhando em uma maravilhosa jornada de cura por toda a vida. Você agora é parte de um círculo invisível, um círculo de amor que é mantido por pessoas e espíritos auxiliares. Saiba que o círculo está apoiando você na jornada de sua própria alma. Receba o poder do círculo quando você precisar dele e o devolva quando você tiver para dar. Saiba que círculos não têm fim – eles continuam. Este livro também não; o trabalho aqui continua. Lembre-se de que se você pode sonhar, se pode imaginar, pode fazer acontecer.

A Terra quer que todos os seus filhos voltem para casa, para que ela possa voltar para casa também, de forma que todos nós possamos participar da parceria na grande celebração chamada Vida. Bem-vindo ao lar!

anexo

a doença do ponto de vista xamânico

O xamã... "vê" os espíritos e sabe como exorcizá-los; apenas ele reconhece que a alma foi embora e é capaz de alcançá-la, em êxtase, e devolvê-la a seu corpo.
Mircea Eliade, *Shamanism: archaic techniques of ecstasy*

Trabalhando de maneira xamânica para as pessoas ao longo dos últimos onze anos, experimentei todos os aspectos da doença do ponto de vista xamânico. No xamanismo, vemos que todas as doenças – emocionais, mentais, físicas e espirituais – são tratadas da mesma forma. Qualquer forma que ela assuma, doença é doença e mostra desarmonia na vida da pessoa.

Como Michael Harner indica em *The way of the shaman*, uma razão pela qual a pessoa pode ficar doente é que seu animal de poder foi embora e um novo animal não veio tomar o seu lugar. Os sinais de que a pessoa perdeu seu poder são problemas crônicos de saúde, estar sempre doente, com resfriado ou gripe, ou queixas de alguma outra enfermidade. A depressão crônica e as tendências suicidas são outra pista de que a pessoa pode estar sofrendo com a falta de poder. Má sorte crônica é mais uma pista – a pessoa pode cair da escada, depois sofrer um acidente de carro e a seguir ter sua casa incendiada. Eu acho que todos nós conhecemos alguém atingido por uma maré de azar que nos faz pensar o que está acontecendo. Uma maré de azar é uma indicação de que o cliente perdeu poder.

O papel do animal de poder é conservar a pessoa a salvo de danos. O animal de poder também conserva a pessoa saudável e bem equilibrada. A maioria de nós não trabalha regularmente com nossos animais; eles podem ficar entediados e nos deixar depois de alguns anos. Em geral, um novo animal substitui aquele que partiu; além disso, a maioria de nós tem diversos animais ao nosso redor trabalhando ao mesmo tempo por nós. O problema é quando a pessoa perde o animal de poder e não aparece nenhum outro para substituí-lo. O xamã precisar entrar na realidade incomum e procurar o antigo animal de poder para que ele volte e ajude. O método para fazer isso é descrito em detalhes em *The way of the shaman,* de Michael Harner[1].

Quando uma pessoa está enfrentando uma doença localizada, como algumas formas de câncer, uma dor no ombro ou uma dor emocional no coração, existe uma grande possibilidade de que ela esteja sofrendo de uma intrusão espiritual. Todas as doenças têm uma identidade espiritual. Isso significa que quando eu parto em jornada pelo corpo de um cliente para procurar a doença, ela terá uma identidade. Pode se parecer com um réptil de grandes garras, ou um inseto, ou alguma matéria escura, como um lodo. A doença vai se mostrar de alguma forma repulsiva. Alguns trabalhos modernos feitos com imagens e curas relacionam-se com o que os xamãs sempre viram na doença. Por exemplo, quando os pacientes de câncer desenham a imagem de sua doença, muitas vezes desenham répteis com garras ou insetos. As pessoas vêem por si mesmas o que os xamãs clássicos sempre viram.

O papel do xamã é identificar a natureza espiritual da doença e sua localização no corpo. Uma vez que isso é conhecido, o xamã retira a doença puxando ou "sugando-a" para fora do corpo. Isso é chamado de extração xamânica[2].

Essas intrusões espirituais são espíritos fora do lugar

no corpo da pessoa – não são maus espíritos. Eis um exemplo simples: se uma aranha vem para sua casa, a aranha não é má. Ela está fora do seu lugar e é de se esperar que você retire a aranha e coloque-a do lado de fora, de volta à terra onde é seu lugar.

Em uma doença, essas intrusões "acreditam" que o corpo do paciente é sua casa. O xamã retira o intruso e o coloca de volta na natureza, onde é neutralizado. A parte difícil para o xamã reside em tirar o intruso do corpo. Ele tem uma casa confortável e aquecida e não tem intenção de sair. Antes de trabalhar com intrusões, preciso reunir todo o meu poder, cantando e tocando meu chocalho, de forma que eu entre no trabalho com mais poder do que o intruso tem. E eu preciso ter poder suficiente para me proteger de forma que o intruso não entre no meu corpo.

Intrusões espirituais muitas vezes atingem uma pessoa devido a formas negativas de pensamento. Por exemplo, se eu estou com raiva de alguém e não consigo expressar minha raiva diretamente, eu posso enviar um intruso para aquela pessoa, mesmo que não tenha a intenção de fazer o mal. Se a pessoa não estiver com suficiente poder no momento, eu posso inconscientemente enviar uma doença. Nas cidades populosas, as formas negativas de pensamento estão constantemente presentes. Portanto, do ponto de vista xamânico, é essencial que mantenhamos uma ligação com nosso animal de poder para não ficarmos doentes. Também é essencial que aprendamos a lidar com nossos sentimentos de forma construtiva.

Outra razão para o indivíduo ficar doente é a perda da alma. A alma pode fugir assustada, perder-se ou ser roubada. As pessoas que perderam partes de sua alma descrevem que se sentem dissociadas, e muitas vezes não têm lembrança de alguns segmentos de sua vida. Depressão crônica, tendências suicidas e doenças crônicas também são sintomas de perda da alma. É emocionalmente doloroso estar fragmentado, dissociado, e não se sentir parte da vida.

Quando uma pessoa se queixa de que não tem “sido ela mesma” desde um trauma, como uma cirurgia, um acidente, um divórcio ou a morte de alguém próximo, eu suspeito de perda da alma. Os sinais são discutidos com mais detalhes no capítulo um.

Eu gostaria de destacar que em todos esses casos, estou descrevendo a perda parcial da alma. Por outro lado, uma pessoa em coma está experimentando a perda total da alma. No coma, a alma pode ter tentado atravessar para a morte e se perdeu, ou pode ter questões não resolvidas na realidade comum que a impedem de fazer a transição. Talvez a alma não saiba como voltar para o corpo. De qualquer forma, a perda da alma é completa e a pessoa é incapaz de funcionar na realidade comum.

Tradicionalmente, os xamãs eram pessoas que tinham uma experiência de quase-morte, uma doença que punha em risco a vida ou um surto psicótico. Em meu caso, quase me afoguei, e essa experiência de quase-morte mostrou o caminho para o outro lado. Os xamãs são aqueles que passaram “para o outro lado” e voltaram à vida por si mesmos, trazendo o conhecimento de como fazer a transição da vida para a morte, e de volta à vida. Na literatura xamânica, o termo para essa pessoa é *curandeiro ferido*. Um xamã pode ajudar uma alma que está morrendo, perdida ou confusa, a fazer a transição, dirigindo a alma para a luz ou para um parente falecido que pode levá-la pelo restante do caminho. Quando uma alma deseja voltar ao corpo, é feito o resgate da alma.

Em todos os casos de doença que eu descrevi, minha experiência pode me dar pistas do que está acontecendo com a pessoa. Mas o diagnóstico vem do meu trabalho com meu animal de poder. No xamanismo, nunca tomamos nossas decisões do trabalho; nós trabalhamos com o poder do Universo. Nunca usamos nossa própria energia ou, de acordo com Loren Smith, um xamã Pomo do Norte da Califórnia diz: "Nós nunca usamos a energia com a qual nascemos".

A primeira coisa que eu faço quando um cliente me procura em busca de cura emocional ou física, é fazer uma jornada até meu animal de poder e perguntar o que a pessoa precisa no momento. Geralmente, descubro que precisa ser usada uma combinação de métodos. Por exemplo, ao trabalhar com Mary, percebi que havia uma intrusão espiritual em seu corpo, porque ela havia perdido uma parte de sua alma. O Universo tem horror ao vazio, então o intruso precisa entrar para ocupar o espaço. Num caso como aquele, eu primeiro devo remover o intruso e depois fazer um resgate de alma.

Com John, meu próprio animal de poder mostrou que o animal de poder dele tinha ido embora e ele havia perdido seu poder. Uma alma entrou em seu corpo, então, precisei fazer primeiro uma extração e depois um resgate do animal de poder.

Quando trabalhei com Debbie, que estava gravemente traumatizada por um estupro, meu animal de poder me instruiu a fazer primeiro um resgate do animal de poder para dar a Debbie a força e a energia para lidar com seu trauma. Depois, fui instruída a fazer uma extração para remover a intrusão que havia se instalado a partir da energia negativa ao redor dela. Depois disso, fui instruída a resgatar a alma perdida que havia se assustado com o trauma.

Às vezes, sou instruída a fazer o resgate do animal de poder, ou uma extração, ou apenas um resgate da alma. Mas eu sempre faço uma jornada de diagnóstico para confirmar a informação.

A cura xamânica não é um "conserto rápido". É muito comum que seja necessário ver o cliente diversas vezes para ter certeza de que o trabalho está completo. Eu tenho de saber se o animal de poder da pessoa está energizado, ou se a intrusão se foi, ou se as partes da alma necessárias naquele momento estão no lugar, no corpo do cliente.

Do ponto de vista xamânico, é essencial que mantenhamos uma ligação com nosso animal de poder para não ficarmos doentes. Também é essencial que aprendamos a lidar com nossos sentimentos de forma construtiva.

notas

Introdução

1. ELIADE, Mircea. *Shamanism:* archaic techniques of ecstasy, trans. Willard R. Trask, Bollingen series, vol. 76. Princeton, NJ: Princeton Univ. Press, 1972, p.5.

2. HARNER, Michael. *The way of the shaman,* 3ª ed. San Francisco: Harper & Row, 1990, publicado originalmente em 1980.

Capítulo 1: A Perda da Alma

1. Esse exercício me foi ensinado por Gloria Sherman em uma aula de Feminismo, Gestalt, Trabalho Corporal, ministrada em Berkeley, Califórnia, em 1980.

2. ELIADE, Mircea. *Shamanism:* archaic techniques of ecstasy, trans. Willard R. Trask, Bollingen series. Princeton, NJ: Princeton Univ. Press, 1972, pp.215-16.

3. ELIADE, Mircea. *Shamanism:* archaic techniques of ecstasy, trans. Willard R. Trask, Bollingen series. Princeton, NJ: Princeton Univ. Press, 1972, p.p.326-27.

4. BRADSHAW, John. *Healing the shame that binds you.* Pompano Beach, FL: Health Communications, 1988, p.75.

5. ACHTERBERG, Jeanne. "The Wounded Healer". *The shaman's path,* por Gary Doore. Boston: Shambhala, 1988, p.121.

6. VON, Franz M.L. *Projection and recollection in fungian psychology.* Peru, IL: Open Court, La Salle & Condon, 1980.

Capítulo 2: O Resgate da Alma

1. ELIADE, Mircea. *Shamanism:* archaic techniques of

ecstasy, trans. Willard R. Trask, Bollingen series. Princeton, NJ: Princeton Univ. Press, 1972. p.p.6-17.

2. HARNER, Michael. *The way of the shaman,* 3ª ed. San Francisco: Harper & Row, 1990, publicado originalmente em 1980, p.29.

3. ACHTERBERG, Jeanne. *Imagery in healing:* shamanism and modern medicine. Boston: New Science Library/ Shambhala, 1985. p.42.

4. CADE, Maxwell C.; Coxhead. *The awakened mind:* biofeedback and the development of higher states of awareness. Great Britain: Element Books, 1979. p.25.

5. BENTOV, Itzhak. *Stalking the wild pendulum.* New York: E. P. Dutton, 1977. p.30.

6. ELIADE, Mircea. *Shamanism:* archaic techniques of ecstasy, trans. Willard R. Trask, Bollingen series. Princeton, NJ: Princeton Univ. Press, 1972. p.420.

7. ELIADE, Mircea. *Shamanism:* archaic techniques of ecstasy, trans. Willard R. Trask, Bollingen series. Princeton, NJ: Princeton Univ. Press, 1972. p.p.220-21.

8. HARNER, Michael. *The way of the shaman,* 3ª ed. San Francisco: Harper & Row, 1990, publicado originalmente em 1980. pp.57-65.

9. ELIADE, Mircea. *Shamanism:* archaic techniques of ecstasy, trans. Willard R. Trask, Bollingen series. Princeton, NJ: Princeton Univ. Press, 1972. p.p.270-71.

10. HARNER, Michael. *The way of the shaman,* 3ª ed. San Francisco: Harper & Row, 1990, publicado originalmente em 1980. pp.25 -30.

11. INGERMAN, Sandra. "Welcoming Ourselves Back Home: The Application of Shamanic Soul Retrieval in the Techniques Treatment of Trauma Cases". *Shaman's drum.* Midsummer, 1989. p.25.

Capítulo 3: Localização de Almas Perdidas

1. INGERMAN, Sandra. "Welcoming Ourselves Back Home: The Application of Shamanic Soul Retrieval in the Techniques Treatment of Trauma Cases". *Shaman's drum*. Midsummer, 1989. p.27.

2. INGERMAN, Sandra. "Welcoming Ourselves Back Home: The Application of Shamanic Soul Retrieval in the Techniques Treatment of Trauma Cases". *Shaman's drum*. Midsummer, 1989. p.p.27-28.

Capítulo 4: Uma Questão de Técnica

1. Conforme uma pesquisa nacional realizada em 1985 por David Finkelhor para a Los Angeles Polling Organization, 277 das 1.481 mulheres e 167 dos 1.145 homens entrevistados afirmaram ter sido sexualmente abusados quando crianças. FINKELHOR, David; HOTALING, Gerald; I.A. Lewis; SMITH, Christine. "Sexual Abuse in a National Survey of Adult Men and Women: Prevalence, Characteristics and Risk Factors". *Child abuse and neglect* 14, 1990. p.p.19-28.

2. G.V. Ksendofotov. Citado em Henri F. Ellenberger, *The discovery of the unconscious:* the history and evolution of dynamic psychiatry. NewYork: Basic Books, 1970. p.7.

3. HULTKRANTZ, Ake. *The religion of the american indians.* Berkeley & Los Angeles: Univ. of California Press, 1979. p.131.

Capítulo 5: Exemplos Clássicos de Resgate da Alma

KALWEIT, Holger. *Dreamtime and inner space*. Boston: Shambhala, 1988. p. 21. Epígrafo retirado dessa obra.

1. CAMPBELL, Joseph. *The way of the animal powers:* historical atlas of world mythology, vol. 1. Alfred Van der Marck Editions. San Francisco: Harper & Row, 1983. p.176.

2. ELIADE, Mircea. *Shamanism:* archaic techniques of ecstasy, trans. Willard R. Trask, Bollingen series. Princeton, NJ: Princeton Univ. Press, 1972. p.p.350-51.

3. NICHOLL, Charles. *Borderlines:* a journey in Thailand and Burma. New York: Viking Penguin, 1989. pp.101-11.

Capítulo 6: Comunidade

1. ELIADE, Mircea. *Shamanism:* archaic techniques of ecstasy, trans. Willard R. Trask, Bollingen series. Princeton, NJ: Princeton Univ. Press, 1972. p.p.217-18.

2. JOHNSON, Robert Francis. "Rites of Passage: The Search for Myth and Meaning". *Crosswinds 2,* nº 6, aug. 1990. p.14.

3. NICHOLL, Charles. *Borderlines:* a journey in Thailand and Burma. New York: Viking Penguin, 1989. p.235.

Capítulo 7: Quando as Almas Foram Roubadas

1. BRADSHAW, John. *Healing the shame that binds you.* Pompano Beach, FL: Health Communications, 1988. p.22.

2. BRADSHAW, John. *Healing the shame that binds you.* Pompano Beach, FL: Health Communications, 1988, p.6.

3. HULTKRANTZ, Ake. *The religion of the american indians.* Berkeley and Los Angeles: Univ. of California Press, 1979. p.89.

Capítulo 11: Preparação Para o Retorno de Sua Própria Alma

1. NOWAK, Margaret; DURRANT, Stephen. *The tale of the Nisan shamaness:* the manchu folk epic. Seattle: Univ. of Washington Press, 1977. A xamã diz: "Feche seus ouvidos grosseiros e abra seus ouvidos finos". Para mim, é uma excelente maneira de dizer: "Abra-se para as informações que os mundos invisíveis e sutis estão fornecendo para você". Para reforçar esse conceito, eu cito a xamã Nisan ao longo do capítulo.

Epílogo

1. ELIADE, Mircea. *Shamanism:* archaic techniques of ecstasy, trans. Willard R. Trask, Bollingen series. Princeton, NJ: Princeton Univ. Press, 1972. p.442.
2. ELIADE, Mircea. *Shamanism:* archaic techniques of ecstasy, trans. Willard R. Trask, Bollingen series. Princeton, NJ: Princeton Univ. Press, 1972. p.353.
3. ELIADE, Mircea. *Shamanism:* archaic techniques of ecstasy, trans. Willard R. Trask, Bollingen series. Princeton, NJ: Princeton Univ. Press, 1972. p.350.

Anexo: A Doença do Ponto de Vista Xamânico

1. HARNER, Michael. *The way of the shaman,* 3ª ed. San Francisco: Harper & Row, 1990, publicado originalmente em 1980. pp.76-85.
2. HARNER, Michael. *The way of the shaman,* 3ª ed. San Francisco: Harper & Row, 1990, publicado originalmente em 1980. p.116.

bibliografia

ACHTERBERG, Jeanne. *Imagery in healing* shamanism and modern medicine. Boston: New Science Library/Shambhala, 1985.

______________ "The Wounded Healer." *The shaman's path,* by Gary Doore. Boston: Shambhala, 1988.

BENTOV, Itzhak. *Stalking the wild pendulum.* New York: E. P. Dutton, 1977. p.30.

BERRY, Thomas. *The dream of the Earth.* San Francisco: Sierra Club Books, 1988.

BRADSHAW, John. *Healing the shame that binds you.* Pompano Beach, FL: Health Communications, 1988.

BRISTOL, Claude M. *The magic of believing.* New York: Pocket Books, Simon & Schuster, 1948.

CADE, Maxwell C.; Coxhead, Nona. *The awakened mind:* biofeedback and the development of higher states of awareness. Great Britain: Element Books, 1979.

CAMPBELL, Joseph. *The way of the animal powers* historical atlas of world mythology, vol. 1. Alfred Van der Marck Editions. San Francisco: Harper & Row, 1983.

CAMPBELL, Joseph; MOYERS, Bill. *The power of myth.* New York: Doubleday, 1988.

CONNELLY, Dianne M. *All sickness is homesickness* Columbia, MD: Centre for Traditional Acupuncture, 1986.

ELIADE, Mircea. *Shamanism:* archaic techniques of ecstasy, trans. Willard R. Trask, Bollingen series, vol. 76. Princeton, NJ: Princeton Univ. Press, 1972.

ELLENBERGER, Henri F. *The discovery of the unconscious:* the history and evolution of dynamic psychiatry. New York: Basic Books, 1970.

FITZHUGH, William W.; CROWELL, Aron. *Crossroads*

of continents: cultures of Siberia and Alaska. Washington, DC: Smithsonian Institution Press, 1988.

HARNER, Michael. *The way of the shaman,* 3ª ed. San Francisco: Harper & Row, 1990, publicado originalmente em 1980.

HULTKRANTZ, Ake. *The religion of the american indians.* Berkeley & Los Angeles: Univ. of California Press, 1979.

INGERMAN, Sandra. "Welcoming Ourselves Back Home: The Application of Shamanic Soul Retrieval Techniques in the Treatment of Trauma Cases". *Shaman's drum,* Midsummer 1989, pp.24-29.

JOHNSON, Robert Francis. "Rites of Passage: The Search for Myth and Meaning". *Crosswinds* 2, nº 6, aug. 1990. p.l4.

KALWEIT, Holger. *Dreamtime and inner space.* Boston: Shambhala, 1988.

LEWIS, John Wren. "The Darkness of God – A Personal Report on Consciousness Transformation Through an Encounter with Death". *Journal of humanistic psychology* 28, nº 2. Primavera 1988. pp.105-21.

NICHOLL, Charles. *Borderlines:* a journey in Thailand and Burma. New York: Viking Penguin, 1989.

NOWAK, Margaret; DURRANT, Stephen. *The tale of the Nisan shamaness:* the manchu folk epic. Seattle: Univ. of Washington Press, 1977.

"Stones, Bones and Skin: Ritual and Shamanic". Art. An Artscanada book. Toronto, Ontario: Society for Art Publications, 1977.

SWIMME, Brian. *The Universe is a green dragon.* Santa Fé, NM: Bear & Company, 1984.

VON, Franz M. L. *Projection and recollection in fungian psychology.* Peru, IL: Open Court, La Salle & Condon, 1980.

conclusão

Desde que escrevi *Resgate da alma* o mundo mudou muito e também meu trabalho de cura xamânica e minha forma de ensinar. É importante para um praticante do xamanismo manter seu trabalho em evolução e não se acomodar. Em meus treinamentos de resgate da alma eu ensino que os melhores profissionais são aqueles que queimam todas as suas anotações. Pois a chave para realizar o trabalho de cura xamânica é seguir a orientação dos próprios espíritos auxiliares e mantê-lo em constante mudança para atender completamente as necessidades de cada cliente em particular, além das necessidades desses tempos de mudança.

Analisando o estado do mundo atual, podemos perceber a necessidade de resgatar almas. Quando está totalmente em seu corpo, você não pode virar as costas ou ignorar a forma como as pessoas se comportam, deixando de perceber o que está acontecendo. Por exemplo: governos e empresas dão muito valor ao dinheiro, acima da vida, isso é reflexo do quanto as pessoas perderam suas almas. Se você está realmente em seu corpo, você não é capaz de colocar o dinheiro acima da vida. A perda da alma planetária traz muitos efeitos sobre os comportamentos que vemos; atualmente, os comportamentos não respeitam mais a beleza e a importância da vida. O trabalho espiritual que desejamos fazer se torna mais importante durante esses tempos de mudança.

A ciência moderna tem a capacidade de compreender melhor como funciona o cérebro. A tomografia feita em pessoas que experimentam traumas é capaz de identificar qual parte do cérebro é estimulada durante uma experiência traumática. É a área do limbo – a parte posterior direita do cérebro, que não tem linguagem – que é ativada durante um trauma.

A parte esquerda anterior do cérebro literalmente desliga-se durante o trauma. Essa é a parte do cérebro associada à fala, capaz de narrar acontecimentos. Outros estudos neurológicos de imagens mostram que o impacto do trauma fica na amígdala, no hipocampo, no hipotálamo e no tronco cerebral; ele não fica na parte racional e verbal do cérebro.

Especialistas em traumas acreditam que é nosso corpo e não nossa mente que controla a forma como reagimos a eles, o que lembramos e o que não lembramos conscientemente, e se nos recuperamos ou não. Isso significa que diante de um trauma, o discurso civilizado não é possível, significa que as pessoas não precisam falar sobre o trauma para superá-lo. Foi descoberto que as terapias centradas no corpo são a melhor maneira de trabalhar com a síndrome de estresse pós-traumático e com pessoas que sofreram diversos eventos traumáticos ao longo da vida.

Não é a história da perda da alma que cura o cliente. A chave é se o cliente pode ou não aceitar realmente a essência que voltou. Em *Resgate da alma,* escrevi sobre a importância de receber de volta as partes da alma. Podemos usar a palavra "absorver" em vez de "receber". É importante que o cliente absorva totalmente a luz da alma/essência retornada, dentro de cada célula do corpo.

A primeira etapa é fazer com que os clientes pensem em uma metáfora que funcione para eles e que os ajude a compreender o princípio da absorção da luz da essência devolvida. Alguns exemplos: uma esponja seca que é colocada na água e absorve essa água; uma flor que esteve muito tempo na chuva e agora, quando o sol sai, absorve totalmente a luz; um quarto escuro, que quando a cortina se abre, inunda-se de luz.

Eu descrevo metáforas e depois deixo que os próprios clientes criem uma metáfora com a qual eles possam se identificar.

Instruo-os para que, quando estou soprando a alma, eles se concentrem em experimentar a si mesmos de acordo com a metáfora que criaram. Também peço aos clientes para colocar suas mãos no abdômen e respirar profundamente enquanto vivenciam a absorção da luz de sua alma/essência.

Não relato minha experiência de resgate da alma imediatamente após a jornada. Isso porque contar uma história logo depois de soprar a parte da alma de volta poderia deslocar a concentração do cliente, de seu corpo para sua cabeça. Eu quero que ele continue concentrado em experimentar a energia no corpo.

Peço que os clientes continuem a inspirar e absorver a luz da alma para dentro de cada célula do seu corpo enquanto eu toco diversos instrumentos. Uso chocalhos, um tambor muito leve, uma taça tibetana, sinos, e canto por cerca de vinte minutos enquanto o cliente respira profundamente e absorve a essência devolvida. Então, descrevo a história da cura, concentrando-me mais nos dons e pontos fortes que foram devolvidos, do que no que ocorreu. Descobri que depois que comecei a trabalhar e ensinar desta forma, a cura de meus clientes, resultante do resgate da alma, é muito profunda.

Existem alguns exercícios muito poderosos com os quais o cliente pode trabalhar para integrar as partes de alma recém-retornadas. Como adultos, temos a habilidade de criar uma vida saudável para nós mesmos. Meu livro, *Welcome home:* following your soul's journey home (Harper San Francisco, 1994), inclui mais informações sobre "a vida após o resgate da alma" e sobre como criar um presente e um futuro positivos para si mesmo. Muito desse trabalho também está incluído em meu livro *Medicine for Earth:* how to transform personal and environmental toxins (Three Rivers Press, 2001).

Existem mais aplicações para o trabalho de resgate da alma do que eu posso descrever resumidamente aqui.

Primeiramente, é importante compreender que o resgate da alma pode ser muito poderoso para curar a síndrome de estresse pós-traumático. Atualmente, um grande número de pessoas sofre de estresse de guerra, especialmente aquelas que voltam da guerra. Muitas pessoas são traumatizadas pela crescente incidência de violência no mundo e também pelo número de catástrofes naturais provocadas por mudanças climáticas.

Eu sugiro que as pessoas que sofreram um trauma procurem um profissional xamânico que possa realizar um resgate de alma tão logo quanto possível.

Nós descobrimos que os animais também podem se beneficiar com o resgate da alma. Eles são fisicamente muito abertos e reagem bem ao trabalho de cura xamânica. Eles são seres vivos que também sofrem de estresse pós-traumático e com a perda de pessoas queridas. É melhor fazer resgates de almas em animais pelos métodos à distância.

Eu também tive bons resultados trabalhando em resgates de alma com casais de famílias que compareceram juntos. No trabalho em conjunto, a energia coletiva do relacionamento muda, criando dinâmicas de relacionamentos mais saudáveis.

Por fim, uma vez que estejamos completamente presentes em nosso corpo, desejamos viver e trabalhar em lugares que reflitam nosso nível de estar no corpo ou "completude anímica". Muitos de nós vivemos em casas e trabalhamos em escritórios que não têm alma. E existem rituais simples que podemos fazer, como acender uma vela, colocar flores ou pendurar uma bonita foto enquanto nos concentramos na intenção de trazer de volta a alma de nossa casa e/ou escritório. Dessa maneira, começamos a honrar o espírito do lugar onde vivemos e trabalhamos. Isso faz uma enorme diferença em nossa saúde e bem-estar.

Por favor, lembre-se: as técnicas não curam. É apenas o

amor que cura. Conforme criamos espaços sagrados e plenos de amor para curar, viver e trabalhar, o espírito que vive em todas as coisas é honrado, criando amor, luz, beleza, paz e harmonia no mundo novamente*.

Sandra Ingerman
20 de abril de 2006

---

*Para mais informações sobre o trabalho de Sandra Ingerman, visite: www.shamanicvisions/ingerman.html

Resgate da alma

Reencontre os pedaços da alma
que você perdeu

Sucessos de Zibia Gasparetto

Crônicas e romances mediúnicos.
Mais de sete milhões de exemplares vendidos.
Há mais de dez anos Zibia Gasparetto vem se mantendo na lista dos mais vendidos, sendo reconhecida como uma das autoras nacionais que mais vende livros.

Crônicas: Silveira Sampaio

- PARE DE SOFRER
- O MUNDO EM QUE EU VIVO
- BATE-PAPO COM O ALÉM
- O REPÓRTER DO OUTRO MUNDO

Crônicas: Zibia Gasparetto

- CONVERSANDO CONTIGO!
- ELES CONTINUAM ENTRE NÓS

Autores diversos

- PEDAÇOS DO COTIDIANO
- VOLTAS QUE A VIDA DÁ

Romances: Lucius

- O AMOR VENCEU
- O AMOR VENCEU *(em edição ilustrada)*
- O MORRO DAS ILUSÕES
- ENTRE O AMOR E A GUERRA
- O MATUTO
- O FIO DO DESTINO
- LAÇOS ETERNOS
- ESPINHOS DO TEMPO
- ESMERALDA
- QUANDO A VIDA ESCOLHE
- SOMOS TODOS INOCENTES
- PELAS PORTAS DO CORAÇÃO
- A VERDADE DE CADA UM
- SEM MEDO DE VIVER
- O ADVOGADO DE DEUS
- QUANDO CHEGA A HORA
- NINGUÉM É DE NINGUÉM
- QUANDO É PRECISO VOLTAR
- TUDO TEM SEU PREÇO
- TUDO VALEU A PENA
- UM AMOR DE VERDADE
- NADA É POR ACASO
- O AMANHÃ A DEUS PERTENCE
- ONDE ESTÁ TERESA?

Sucessos de Luiz Gasparetto

Estes livros vão mudar sua vida!
Dentro de uma visão espiritualista moderna, estes livros vão ensiná-lo a produzir um padrão de vida superior ao que você tem, atraindo prosperidade, paz interior e aprendendo acima de tudo como é fácil ser feliz.

- ATITUDE
- FAÇA DAR CERTO
- SE LIGUE EM VOCÊ *(adulto)*
- SE LIGUE EM VOCÊ - nº 1 *(infantil)*
- SE LIGUE EM VOCÊ - nº 2 *(infantil)*
- SE LIGUE EM VOCÊ - nº 3 *(infantil)*
- A VAIDADE DA LOLITA *(infantil)*
- ESSENCIAL *(livro de bolso com frases de auto-ajuda)*
- GASPARETTO *(biografia mediúnica)*
- PROSPERIDADE PROFISSIONAL
- CONSERTO PARA UMA ALMA SÓ *(poesias metafísicas)*
- PARA VIVER SEM SOFRER

- Série AMPLITUDE:

1 - Você está onde se põe

2 - Você é seu carro

3 - A vida lhe trata como você se trata

4 - A coragem de se ver

CALUNGA

- "Um dedinho de prosa"
- Tudo pelo melhor
- Fique com a luz...
- Verdades do Espírito

INFORMAÇÕES E VENDAS:

Rua Agostinho Gomes, 2312
Ipiranga • CEP 04206-001
São Paulo • SP • Brasil
Fone / Fax: (11) 2061-2739 / 2061-2670
E-mail: editora@vidaeconsciencia.com.br
Site: www.vidaeconsciencia.com.br